고려의 부곡인, 〈경계인〉으로 살다

고려의 부곡인, 〈경계인〉으로 살다
―부곡인과 부곡 집단의 기원과 전개

박종기

抑淸臣初名庀長興府高伊部曲人其先皆
爲部曲吏國制部曲吏雖有功不得過五品
淸臣幼開悟有膽氣習蒙語屢奉使于元著
應對由是爲忠烈寵任補郞將數日淸臣隨
趙仁規盡力立功雖其家世當限五品且於

푸른역사

들어가며

역사 변동과 발전의 동력, 경계인

저자가 〈경계인〉이라는 용어에 관심을 가지기 시작한 것은 몇 년 전 유명한 재독 철학자 송두율 교수의 글을 읽은 때부터다. 저자가 읽은 글 가운데 그가 〈경계인〉에 대해 언급한 부분은 다음과 같다.

1994년 10월 학기부터 베를린 훔볼트 대학으로 옮겨 한국역사, 정치, 사회, 경제 문제를 강의하는 것도 주어진 시간을 어떻게 가장 효과적으로 안배하느냐 하는 것이 내 고민의 해결책의 하나이다. 그러면서도 서구의 학문과는 떨어질 수 없는 노릇이니 그만큼 애를 먹게 된다. 독일 동료들이 '너의 머리속에는 칸트나 헤겔과 한국이 공존하는데 힘든 노릇이 아니냐'며 물을 때도 있다. 그럴 때마다 나는 '어려워도 할 수 있지 않느냐, 그것이 한국과 유럽 사이에 사는 경계인Grenzganger

의 숙명이 아니냐'고 답변한다(송두율, 《역사는 끝났는가》, 당대, 1995, 377~378).

철학과 사회과학의 관계가 소원했던 서울의 학문풍토를 벗어난 이후 나는 줄곧 철학과 사회과학의 경계선 위에서 살아왔다(송두율, 《21세기와의 대화》, 한겨레신문사, 1998, 8).

그렇다고 해서 현재 살고 있는 이곳이 자기 땅처럼 느껴지느냐 하면 그런 것도 아니다. 물론 이곳에서 가정을 꾸렸고, 자식을 키웠으니 분명 삶의 터전이라고 할 수 있다. 그러나 채울 수 없는 무엇인가를 항상 느끼고 살고 있다. 그래서 우수의 감정이 섞인 실향이나 망향이니 하는 단어가 있는지도 모르겠다. 그러나 나는 이런 단어 대신 늘 경계인 境界人(Grenzganger)이라는 단어를 사용해왔다. 원래 이 단어는 잉글랜드와 스코틀랜드 국경지방에 출몰하던 마적을 의미했으나, 후에 오스트레일리아에서 원주민aborigins과 백인 이주민 사이를 넘나들며 두 세계를 소통시키던 사람을 지칭하기 위해 'border rider'라는 말을 쓰기 시작하면서 이 의미로 정착되었다.

이들에 비하면 나의 처지는 꽤나 복잡하다. 항상 이야기하지만, 반세기가 넘게 갈려져 사는 조국의 남과 북, '지구촌'이라고 하지만 여전히 갈등이 사라지지 않고 있는 동과 서, 남과 북의 사이에서 상생의 길이 무엇일까라는 질문을 던지고 이를 찾아 긴장 속에서 여전히 헤매고 있기 때문이다. 이런 가운데 2001년 봄에는 보수 세력의 집중포화도 맞

앉다. 경계의 이쪽에도, 경계의 저쪽에도 속하지 못하고 경계선 위에 서 있는 탓에 경계인은 매우 불안정한 상태에 있다. 마치 좁은 수평대 위에 서 있는 체조선수처럼 말이다. 안정을 찾기 위해서는 넓은 수평대가 있어야 한다. 그러나 나는 아직도 그것을 발견하지 못했다. 그것을 발견하기 위해 노력하는 과정에서 떠오른 상념들을 그때그때 기록해두었는데, 이 기록들을 정리해서 한권의 책으로 엮어본다(송두율, 《경계인의 사색》, 한겨레신문사, 2002, 5~6).

다소 길게 인용했지만, 송두율 교수의 자기 고백을 통해 〈경계인〉의 특성을 분명하게 인식할 수 있다. 송 교수는 삶의 터전은 유럽이지만, 그곳에서 채울 수 없는 무언가를 항상 느끼며 살아야 하는 한국인인 자신을 〈경계인〉이라 했다. 또한 유럽의 정신세계에 관심을 두지만, 한국의 역사, 정치, 사회, 경제 문제에 대해서도 관심을 버릴 수 없는, 즉 유럽과 한국의 정신세계를 오가는 자신을 〈경계인〉이라 칭했다. 그리고 철학자이면서 사회과학을 넘나드는 경계선 위에 있는 자신을 또 다른 의미에서 〈경계인〉이라 했다. 마지막으로 한반도라는 동일 지역 내에서 특정 진영에 속하지 않은 자신을 〈경계인〉으로 표현했다.

여기에서 '경계'는 집단, 지역, 국가, 학문, 이념의 영역을 포괄하고 있다. 〈경계인〉의 속성은, 송 교수의 표현에 따른다면, '경계의 이쪽에도, 경계의 저쪽에도 속하지 못하고 경계선 위에 서 있거나', '마치 좁은 수평대 위에 서 있는 체조선수처럼' 언제나 불안하고 불안정한 상태의 존재다. 〈경계인〉에 관한 사회과학적 정의, 〈경계인〉의 특성과 존재 형태는 송 교수의 글만으로도 다시 되풀이하지 않아도 될 정도로 상당 부분 파악할 수 있으리라 생각한다.

한편 송 교수는 (〈경계인〉이) '안정을 찾기 위해서는 넓은 수평대가 있어야 한다. 그러나 나는 아직도 그것을 발견하지 못했다. 그것을 발견하기 위해 노력하는 과정'이라 했다. 그러나 〈경계인〉이 등장하게 된 역사적 조건과 의미, 〈경계인〉이 역사의 발전이라는 측면에서 기여할 수 있는 부분과 진보성 같은 문제들에 대한 해법은 제시하지 못했다.

저자는 최근 고길희 박사의 《하타다 다카시: 마산에서 태어난 일본인 조선 사학자》(지식산업사, 2005)를 접했다. 고 박사는 국내 역사학자에게도 잘 알려져 있는 하타다 다카시旗田巍(1908~94)를 〈경계인〉으로 파악하고, 그런 입장에서 그의 연구 활동과 삶의 궤적을 조명했다. 그는 일본인이었다. 하지만 조선은 그에게 삶의 원점인 고향이자 연구의 주 대상이었다. 즉 그는 억압자 일본인이라는 다수자 편에 살면서 내면에 조선을 품고 살았던 소수자였다는 점에서 〈경계인〉이었다고 한다. 그를 〈경계인〉으로 본 것에 대해 전적으로 동의할 수 없지만, 〈경계인〉 일반에 대한 고 박사의 진지한 성찰은 이 저서의 돋보이는 부분이라 생각한다. 특히 〈경계인〉이 나타나게 된 역사적 조건과 소수자로서의 한계를 극복할 해법을 모색한 점이 그러하다.

왜 '경계인'에 주목하게 되는가? 여러 모양의 경계로 분열되어 살아가는 경계인들은 경계를 오가는 삶 속에서 배운 인간적인 활력과 통찰로 주위 사람들의 삶을 높이는 구실을 하기 때문이다. 그들의 존재는 근대가 인위적으로 만들어낸 국민과 국가란 '카테고리'를 새롭게 바라보는 관점을 제시해준다 …… 카테고리가 이것이 아니면 저것이라고 주장하는 배타성을 가지고 있는 곳에서는 반드시 억압이 발생하며, 국민이란 그 배타적인 카테고리에서 하나의 전형일 수밖에 없다는 것이다. 왜냐하면, 국민은 반드시 하나의 국가에 배타적으로 귀속하도록 요구되며, 이중국적 또는 적인지 아군인지 분간할 수 없는 존재를 인정하려 들지 않기 때문이다(고길희, 《하타다 다카시》, 지식산업사, 2005, 14).

냉전구조가 붕괴된 뒤 진전된 세계화에 따라 많은 이들이 국경을 넘나들면서 국가 사이 또는 민족 사이의 장벽이 붕괴되고 있다. 그 속에서 근대가 만들어낸 민족과 국가의 틀을 넘어서 다양성 이질성 개별성을 서로 존중하는 정체성을 모색하는 움직임도 활발해지고 있다 …… 이러한 시점에서 과연 '지배자 일본인 대 피지배자 한국인'이란 이분법적 사고는 얼마나 유효한 것일까? 또 얼마나 문제가 있는 것일까?(고길희, 《하타다 다카시》, 지식산업사, 2005, 375).

고길희 박사는 경계를 오가는 삶 속에서 배운 인간적인 활력과 통찰로 주위 사람들의 삶을 녹이는 〈경계인〉의 긍정적인 측면을

도라산 남북출입국사무소CIQ에서 본 남북 경계선

송두율은 한반도 내에서 남과 북의 특정 진영에 속하지 않은 자신을 〈경계인〉이라 칭했다. 고길희는 〈경계인〉은 배타적이고 이분법적인 카테고리 때문에 나타난다고 말한다. 따라서 이 같은 폐쇄적 카테고리를 극복하고 다양성과 개별성을 존중하는 개방적 사회로의 이행만이 〈경계인〉 문제를 극복할 수 있는 방법이라고 강조한다.

지적했다. 그러나 〈경계인〉은 적인지 아군인지 분간할 수 없는 존재는 인정하지 않는 배타적이고 이분법적인 카테고리 때문에 나타난다. 따라서 폐쇄성을 극복하고 다양성, 이질성, 개별성을 존중하는 개방적인 사회만이 소수자로서의 〈경계인〉의 한계를 극복할 수 있는 해법이라 했다.

〈경계인〉의 속성을 지닌 부곡인

부곡인과 부곡 집단은 〈경계인〉의 속성을 지닌 역사적 존재다. 그렇게 봐야 이 집단과 주민을 제대로 파악할 수 있다. 지금까지의 부곡 집단 연구는 배타적인 이분법적인 '카테고리' 속에서 그 역사적 특성을 이해하려 했다. 대표적으로 부곡인의 신분이 양인인가 천인인가를 둘러싸고 진행된 논쟁을 들 수 있다. 이러한 논의가 부곡인과 부곡 집단의 역사적 실체를 해명하는 데 커다란 역할을 한 것은 사실이다. 그러나 부곡인 신분이 양천의 어느 한 쪽으로 결정되었다 해서, 그들의 역사적 실체가 드러나는 것은 아니다. 그동안 이 같은 양천 논쟁이 부곡인과 부곡 집단이 지닌 역사적 특질을 놓쳐 버린 측면이 없지 않았을까 하는 반성을 해본다. 왜 그럴까? 양천 신분의 판별만으로 그 실체가 제대로 드러나지 않은 것은 부곡인이 다음과 같은 〈경계인〉의 속성을 지니고 있기 때문이다.

부곡인은 천인은 아니다. 비록 양인이지만 양인으로서의 대접을 받지 못했다. 그들은 부곡 영역에 거주하여, 군현 영역에 거주한 일반 양인과 다른 취급을 받았다. 그럼에도 불구하고 천인인 노비와 달리 성씨와 가족을 갖는 등 독자의 가계를 꾸리고 국가에 세금을 내는 공민公民이었다. 그러나 공민인 일반 양인층보다 더 무거운 부담을 떠안아 항상 생계의 위협을 받은 불안정한 존재였다. 고려왕조기의 부곡인은 이같이 현실의 삶, 즉 신분, 거주지,

조세 부담에서 양인과 천인의 두 경계 사이를 넘나드는 존재로서, 〈경계인〉의 전형적인 모습을 지니고 있었다.

〈경계인〉의 속성을 지닌 부곡인과 부곡 집단은 주로 고려왕조기에 존재했다. 고려왕조는 배타적이고 이분법적인 '카테고리'를 강조하지 않은 사회다. '경계' 바깥의 존재에 대해 결코 배타시하지 않은 다원사회의 특성을 지니고 있다. 다원사회는 다양성과 개별성이 공존하는 탄력적인 사회구조다. 이러한 사회구조가 〈경계인〉이 존재하는 사회적 토양을 마련해주었던 것이다.

이 책은 〈경계인〉 부곡인의 역사적 존재 양상을 그리려 한다. 부곡인이 이분법과 배타적인 영역에 갇힌 존재가 아님을 밝히려 한다. 아울러 이러한 〈경계인〉을 수용할 수 있었던 고려왕조 사회의 탄력성도 검토하려 한다. 부곡인은 송 교수의 표현과 같이, '경계의 이쪽에도, 경계의 저쪽에도 속하지 못하고 경계선 위에 서 있는 탓에 매우 불안정한 상태의 좁은 수평대 위에 서 있는 체조선수' 같았지만, '안정을 찾기 위해 넓은 수평대를 찾아 나선 존재'였다. 즉 부곡인은 주어진 '경계'의 사이에서 이도 저도 아닌, 불안정한 존재였다. 그러나 그들은 끊임없이 그 경계를 뛰어넘으려는 자기 변신을 통해 역사의 발전에 일정한 공헌을 한 존재였다. 이 책은 '경계' 속에 갇힌 부곡인과 부곡 집단의 존재 형태를 밝히면서, 그들이 '경계'를 뛰어넘어 자기의 영역을 확장시킴으로써 역사 발전에 기여한 모습을 살필 것이다.

이 책을 내면서

2010년 말 무렵 가톨릭대학 채웅석 교수로부터 한국역사연구회 회원들의 연구 성과를 대중화하고 시대 변화를 직시하는 한국사학계의 성찰적 고민을 담아낼 문고본 형태의 한국사 시리즈북 편찬 계획을 들었다. 한국역사연구회가 베푼 혜택을 가장 많이 누려 온 저자로서는 채 교수의 부탁을 거절할 처지가 아니었다. 그로부터 이 책이 나오기까지 2년이라는 긴 시간이 걸린 것은 전적으로 저자의 게으름 탓이다.

박사학위논문이자 저자가 학계에 첫 발을 내딛는 계기가 된 이 책의 주제 부곡 문제는 결코 대중화의 대상이 될 수 없는 무겁고 딱딱한 주제다. 때문에 이 책에서 부곡에 관한 서술은 부곡의 기원과 전개 과정을 중심으로 최대한 간략하게 서술하려 했다. 이 책의 토대가 된 《고려시대 부곡제 연구》(1990)는 출간된 지 20년이 지나, 그 후 저자가 새롭게 쓴 글만도 10여 편에 이른다. 이 책을 쓰면서 개정 증보판을 함께 준비했다. 앞으로 그 속에 부곡에 관해 본격적으로 다룰 예정이다.

그간 몇 권의 어쭙잖은 대중 역사서를 쓰긴 했지만 여전히 책을 낼 때마다 송구함이 앞선다. 그럼에도 과감히 대중서에 대해 한마디 하자면, 대중서의 생명력은 딱딱한 사실을 '스토리텔링'을 통해 대중과 가깝게 소통하면서 역사의 진실을 밝히고 공유하는 데 있다고 생각한다. 이 책 역시 일반 독자들이 부곡이라는 무겁고 딱딱한 주제에 친근하고 재미있게 접근할 수 있도록 '스토리텔링'의 기법을 썼다. 저자가 부곡 연구 과정에서 부딪혔던 고민과 애환을 각 장의 첫머리에 자전自傳 형식의 글로 정리한 〈연구노트〉가 바로 그것이다. 저자로서는 내면의 속살을 드러내는, 부끄럽고 그리 크게 내키지 않는 일이다. 하지만 무겁고 딱딱한 주제를 누구나 쉽게 접근할 수 있는 길잡이 역할이 되지 않을까 하는 생각에서 그렇게 해 보았다. 저자의 부곡 연구 과정을 기록으로 남기고 싶다는 역사 연구자로서의 원초적인 욕심 또한 없지 않았다.

아울러 〈보론〉을 통해 부곡 연구의 개척자이자 북한에서 역사가로 활동한 임건상의 학문 활동을 정리해 보았다. 분단이라는 장벽으로 인해 자세히 들여다 볼 수 없는 저 너머의 사실을 정리한 무모한 글이다. 그저 이 글을 통해 한국사에서 부곡 연구가 지니는 위상을 가늠하는 데 조금이나마 도움이 되었으면 좋겠다는 심정을 담아 봤다. 하루 빨리 통일이 되어 이 〈부록〉이 그야말로 소설이 되었으면 하는 바람이다. 무모한 이념의 갈등이 역사 연구의 발전에 얼마나 커다란 장애가 되는지 이 글을 쓰면서 실감한다.

마지막으로 이 글을 작성하는 데 귀중한 문헌과 사진 자료를 제공해주신 연세대 도현철 교수, 한남대 이정신 교수, 국민대 김재홍 교수, 숙명여대 홍영의 교수에게 감사의 뜻을 전한다. 그리고 편집 책임자 채웅석 교수의 격려와 독려가 없었다면 이 책은 결코

세상에 나올 수 없었을 것이다. 감사하게 생각한다.

2012년 11월 중순 북한산 기슭의 가을 정취를 만끽하며

청헌淸軒 박종기朴宗基

차례

들어가며 5
역사 변동과 발전의 동력, 경계인 | 〈경계인〉의 속성을 지닌 부곡인 | 이 책을 내면서

1 부곡제의 개념과 존재 형태
연구노트 1_부곡 연구의 시작 20
부곡제의 개념 24
부곡제의 존재시기 30
부곡 집단의 존재 형태 35

2 부곡 집단의 기원과 전개
연구노트 2_부곡 연구의 다른 길, 신분론과 기원론 44
노인과 노인촌 47
노인과 노인촌의 개념 | 노인과 노인촌의 발생 | 부곡 집단의 선행 형태, 노인과 노인촌
삼국 통일신라기의 향과 부곡 60
향과 부곡 형성의 사회경제적 배경 | 부곡 제도의 성립과 주민의 존재 형태
고려시기 부곡 집단의 형성과 제도 정비 71
신생 촌락에 대한 편제 | 역명자 집단에 대한 편제 | 부곡 집단에 대한 제도 정비

3 부곡인의 삶과 존재 형태
연구노트 3_부곡 연구의 또 다른 돌파구, 〈식화지〉 연구 82
군현 지배구조와 재정 운영 87
군현 지배구조와 부곡 집단 | 재정 운영 원칙과 수취 방식
향과 부곡 주민이 부담한 역 94
소 주민의 역과 소 생산체제 101
장과 처 주민이 부담한 역 108

4 부곡인의 신분과 양천제 이론
연구노트 4_1980년대 국내의 부곡 연구 114
신분 규제 기록에 대한 재검토 117
소생자녀의 귀속 규정 | 승려가 될 수 없는 규정 | 간행奸行 규정 | 과거 응시와 국학 입학 금지 규정
연구노트 5_관념의 벽을 넘게 한, 잊을 수 없는 스승 124
양인설의 근거, 양천제 이론 127
양천제의 원리 | 세금을 부담하고 관리가 될 수 있는 부곡인

5 부곡 집단의 변동과 해체, 소멸
연구노트 6_임건상의 복사본과 학문의 자유 138
부곡 집단의 변동과 계층 분화 145
부곡 집단 해체와 소멸의 원인 160
부곡 개편 정책과 부곡 집단의 해체와 소멸 165

나오며
부곡 집단의 역사적 의의 168

보론_부곡 연구의 개척자, 임건상 연구
임건상, 그는 누구인가 178
임건상과의 첫 만남 | 해방 전후의 임건상 | 한국전쟁기의 임건상 | 전후 북한에서의 임건상
임건상의 부곡 연구 193
1950년대 임건상의 부곡 연구론 | 1960년대 임건상의 부곡 연구론

- 참고문헌 200
- 부곡 집단에 관한 기초 자료 205
- 찾아보기 209

1장
부곡제의 개념과 존재 형태

연구노트 1_부곡 연구의 시작

군 복무를 마치고 대학원에 복학한 것은 1970년대 후반이었다. 당시 대학가는 민주화의 열기로 뜨거웠다. 시위 진압 경찰들의 매서운 감시의 눈초리와 학생들의 분노가 뒤섞여 숨 막히는 긴장감이 캠퍼스 곳곳을 가득 채우고 있었다. 대학원 첫 수업은 지도교수님이신 변태섭 교수님의 수업이었다. 우연치 않게도 수업 주제는 고려 우왕 초기 정도전鄭道傳이 유배지 나주羅州의 거평居平부곡에서 주민과 교유한 사실을 기록한 〈소재동기消災洞記〉(《삼봉집三峰集》 수록)를 읽고 관련 자료를 정리하는 것이었다. 그런데 학부 졸업논문 주제는 고려 말 조선 초에 활동한 양촌 권근이었으나, 첫 수업의 주제가 이후 나의 연구 진로에 이렇게 깊은 영향을 끼칠 줄이야. 〈소재동기〉를 토대로 작성된 이우성 교수의 〈고려 말 나주목 거평 부곡에 대하여〉(1967)라는 논문을 처음 접했다. 부곡민은 천민 집단이 아니라 부곡인 양인설(이하 양인설로 줄임)을 최초로 제기한

〈소재동기〉

고려 우왕 초기 정도전이 유배지 나주의 거평부곡에서 주민과 교유한 사실을 기록한 글. 《삼봉집》에 수록되어 있다.

논문이다. 기존의 천인설을 전적으로 부정한 것은 아니지만, 개별 부곡 집단에 대한 내용 분석과 법률적 규제에 대한 검토를 통해 앞으로 새로운 방향으로 부곡 연구가 진전될 필요성이 있다고 했다. 매우 신선한 문제제기였다.

대학원으로 복귀한 첫 수업에서 부곡 집단을 처음 접하면서 나름대로 강한 인상과 자극을 받았다. 하지만 그것도 잠시뿐이었다. 첫 학기에 맡은 학과 조교 보조업무가 더 큰 부담으로 다가왔기 때문이다. 부곡 문제는 이때까지도 수업의 주제로 접근했을 뿐 학위논문의 주제로는 생각하지 않았다. 학과 사무실은 학내 시위의 여파로 내내 어수선하여 공부할 분위기가 아니었다.

다음 학기에 규장각에 아르바이트 자리를 얻었다. 귀중한 고서들이 산더미처럼 쌓여 있는 규장각은 어수선한 캠퍼스의 분위기와 달라 연구에 더 없이 좋은 분위기였다. 매일 이곳에서 생활하면서 비로소 역사 연구의 참맛을 느끼기 시작했다. 당시 규장각은 여러 해에 걸쳐 소장도서에 대한 해제 작업을 하고 있었다. 조선시대 문집과 지방지(읍지)에 대한 해제와 정리 작업은 내가 맡은 일 가운데 하나였다. 조선 초기 인물을 주제로 학부 졸업논문을 작성한 경험도 있었고, 또 당시 내가 맡은 작업 가운데 지방지에 특히 관심의 눈길이 쏠려서 조선시대 촌락 문제를 주제로 석사학위 논문을 작성하려는 쪽으로 생각이 바뀌기 시작했다. 앞으로의 논문 주제라는 생각에 의욕을 가지고 지방지 해제 작업에 매달렸다. 해제의 대상은 대부분 조선 후기에 편찬된 지방지였다.

부곡 집단을 다룬 첫 수업 때문인지 몰라도 해제 작업을 하던 지방지 속에서 향, 부곡, 소와 같은 명칭이 유독 나의 눈에 많이 띄었다. 다시 지방지의 모범이 되는 《신증동국여지승람》(이하 《승람》으로 줄임)을 검토해보았더니, 〈고적古跡조〉라는 항목에 관계 자료가 집중 수록되어 있었다. 당시 교과서와 개설서는 향, 소, 부곡은 천민 집단이라는 천민 집단설(이하 천인설)을 따르고 있었는데, 〈고적조〉 기록만 보면 그렇지 않다는 생각이 들었다. 또 천인설과 같이 부곡 집단이 우리나라 고대에 주로 존재한 것이 아니라, 고려왕조 때 주로 존재하지 않았을까 싶었다. 이우성 교수의 양인설을 읽었을 때의 신선한 충격 때문일까?

  같은 역사적 사실에 대해 이렇게 상반된 견해가 나올 수 있다는 것이 놀라웠고, 한편으로 그것이 역사 연구의 또 다른 매력일 것이라는 생각과 함께 점차 부곡 연구에 흥미와 관심을 가지게 되었다. 대학원 진학 후 가졌던 조선시대 촌락에 대한 최초의 관심은 자연스럽게 고려시기 특수촌락인 부곡 집단으로 옮겨졌고, 이러한 집단의 실체를 밝히는 쪽으로 학위논문의 주제도 바뀌게 되었다. 두 번째 학기 이후 매학기 부곡을 주제로 한 연구사와 관련 자료를 정리하여 보고서를 제출했다. 심지어 국립 중앙박물관 정양모 교수님의 미술사 강의 리포트도 《세종실록지리지》에 나오는 자기소와 도기소 자료를 정리하는 등 다른 과목의 리포트도 선생님들의 양해를 얻어 부곡 집단 관련 보고서로 제출했다. 부곡 문제를 석사논문 주제로 정하고 나니 마음이 한결 가벼운 느낌이 들었다. 부곡 집단에 대한 나의 연구는 그렇게 해서 시작되었다.

부곡제의 개념

향鄕, 부곡部曲, 소所, 장莊, 처處의 실체를 알려주는 대표적인 자료는 《신증동국여지승람新增東國輿地勝覽》(이하 《승람》) 권7 〈여주목驪州牧 고적古跡 등신장조登神莊條〉(이하 〈등신장조〉)다. 부곡 집단에 관한 기록은 《삼국사기三國史記》와 《고려사高麗史》 등에도 전해지지만, 〈등신장조〉의 기록이 가장 자세하고 체계적이다. 《승람》은 비록 조선 전기에 편찬되었지만(1530), 〈등신장조〉의 기록이야말로 부곡 집단의 기원과 특성을 가장 잘 보여주는 자료다. 그 내용은 다음과 같다.

지금 살펴보건대 신라가 주군(군현)을 설치할 때 토지와 호구가 현이 될 수 없는 곳은 향鄕이나 부곡部曲으로 삼아, 주변의 가까운 군현에 소속시켰다. 고려 때 또한 소所라고 불리는 곳이 있다. 금金소, 은銀소, 동銅소, 철鐵소, 사絲소, 주紬소, 지紙소, 와瓦소, 탄炭소, 염鹽소, 먹墨소, 곽

藿소, 자기瓷器소, 아량魚梁소, 강薑소로 구분되었으며, 해당 생산물을 공납했다. 또한 장莊과 처處로 불리는 곳이 있는데, 각각 궁원 사원 및 내장택內莊宅에 예속되어 세를 바쳤다. 이상의 여러 단위에는 모두 토착하는 향리와 백성[土姓吏民]이 있었다.

김부식이 편찬한 《삼국사기》〈지리지〉에는 이들을 다시 갖추어 싣지 않았다. 정인지가 편찬한 《고려사》도 또한 그러했다. 지금 각 지역의 성씨가 나타나 있으면 그 본관을 기록했다. 그것을 《주관육익周官六翼》과 대조해보면 지금 알 수 있는 것은 열에 겨우 한두 개에 지나지 않는다. 모두 해당 군현의 〈고적조古跡條〉에 싣는다.

위의 내용을 이해하기 편리하게 다시 정리하면 다음과 같다.

(1) 향, 부곡: 신라 때부터 존재했다. 토지나 인구가 적어 군현이 될 수 없는 곳은 향과 부곡으로 편성되어 군현에 소속되었다.
(2) 소: 고려 때부터 존재했다. 금, 은, 동, 철 등의 광산물, 기와, 종이, 먹, 자기와 같은 수공업제품, 비단, 명주, 미역, 소금과 같은 농수산물을 생산한 곳이다.
(3) 처, 장: 고려 때부터 존재했다. 궁원 사원 내장택에 소속되어, 해당 기관에 세금을 냈다.
(4) 이들 집단에는 모두 토성이민土姓吏民이 있었다.
(5) 김부식의 《삼국사기》는 위의 집단에 관한 기록을 갖추어 기록하지 않았으며, 정인지의 《고려사》도 그러했다.

(6) 이 책《승람》은 성씨가 드러나면, 성씨의 본관을 반드시 기록했다. 이를 《주관육익周官六翼》의 기록과 대조해 보면, 본관을 알 수 있는 것은 열 가운데 한두 곳에 불과했다. 또한 부곡 집단에 관한 사실(명칭, 소속 군현과 위치 등)을 《승람》의 〈고적조〉 아래에 실었다.

(5)와 (6)에 따르면, 《삼국사기》와 《고려사》는 부곡 집단에 관해 자세한 기록을 남기지 않았다. 《승람》 편찬 당시까지(1530) 부곡

《신증동국여지승람》 권7 〈여주목 고적 등신장조〉

향, 부곡, 소, 장, 처 등 부곡 집단의 실체를 알려주는 대표적인 자료. 부곡 집단의 기원과 특성 등에 관해 가장 자세하고 체계적으로 기록되어 있다.

집단의 성씨와 본관 기록은 열에 한둘밖에 남아 있지 않을 정도로 조선 초기에 관련 기록은 거의 전해지지 않고 있다고 한다. 이러한 사실은, 부곡 집단에 관한 한 〈등신장조〉의 자료 가치가 매우 크다는 사실을 뒷받침한다.

〈등신장조〉에 나타난 부곡 집단의 기원과 특성을 정리하면 다음과 같다. 향과 부곡 집단은 소, 장, 처 집단보다 먼저 신라 때 군현 편성 과정에서 설치되었다. 참고로 향과 부곡은 동일한 집단이며, 향은 부곡의 다른 이름이다(임건상 1963, 2~3). 소, 장, 처는 그보다 늦게 고려 때 처음 편성되었다. 부곡 집단은 동시에 나타난 것이 아니라, 일정한 시차를 두고 발생했다. 또한 각 집단의 역할과 기능도 차이가 있다. 향과 부곡은 신라 때 소규모 지방 행정구역이었고, 소는 광산물, 수공업제품, 농수산물 등을 생산하여 공납한 곳이며, 장과 처는 궁원 사원 등의 토지를 경작하여 그곳에 조세를 납부한 곳이다.

그런데 이들 집단에는 모두 '토성이민'이 존재했다. 즉 이곳의 행정을 맡은 향리와 주민이 토착하고 있었다. 행정을 전담한 토착 향리의 존재는 부곡 지역이 지방 행정 조직의 일부였음을 뜻한다. 발생 시기, 역할과 기능의 차이에도 불구하고 이들 집단은 지방제도의 일부로서 특수 촌락 내지 특별 행정구역이라는 공통점을 지닌다. 신라 때 발생한 향과 부곡은 고려시기에도 존재했다. 따라서 부곡 집단이 함께 존재한 시기는 고려왕조 때다. 즉 부곡 집단은 고려 때 지방 행정 조직의 일부로서 일정한 역할과 기능을 수

행했다. 《승람》 편찬자는 부곡 집단의 이러한 공통점에 주목하여 〈등신장조〉 속에 함께 묶어 설명하려 했던 것이다.

근대의 연구자들도 진과 역을 포함한 향, 부곡, 소, 장, 처 집단의 공통점, 즉 동질성에 주목했다. 임건상은 이들 집단의 동질성을 국가 발생 초기 예속적 형태의 촌락 조직에서 분화 발전한 조직체(임건상 1963, 5)이면서 동시에 노예적 성격의 천민 집단(임건상 1963, 160~166)이라는 점에서 찾았다. 이러한 동질성 때문에 이들 집단을 함께 묶어 부곡제部曲制라 불렀다. 즉 부곡제는 한국 고대국가 성립 과정에서 발생한 천민 집단이며, 그것이야말로 한국 고대 노예제 사회의 주요한 증거가 된다고 했다.

일본인 고려사 연구자 다케다에 따르면 고려시대 군현제는 동족 집단에 기초한 호족 집단의 대소大小에 따라 계층적으로 편성되었는데, 향, 소, 부곡 등은 군현제의 한 형태로 편제되었기 때문에 고려시대 군현제의 특성을 지니고 있다. 또한 중앙정부의 역역 수취力役收取의 대상이기 때문에 양인적良人的 신분질서라는 동질성을 지닌다고 했다(武田幸男 1971).

임건상과 다케다는 부곡 집단 주민의 신분에 대해서는 다른 입장이지만, 부곡 집단이 우리 역사 속에서 일정한 역할을 수행한 동질성을 지녔다는 점에 대해서는 같은 입장이다. 그들은 이들 집단을 함께 묶어 부곡제라 했다.

저자는 향, 부곡, 소, 처, 장 집단을 묶어 부곡제라 호칭한 위 연구자의 입장에 동의한다. 다만 그렇게 호칭하는 저자의 입장은 다음과 같다. 각 집단에는 행정을 전담한 향리와 주민이 존재했다. 따라서 부곡제는 지방 행정조직(군현제)의 일부이며, 각 집단의 주민은 양인 신분으로서 국가에 특정의 역을 부담했다. 즉 군현제, 신분제, 수취제의 측면에서 각 집단은 동질성을 지니고 있다. 또한 각 집단이 함께 존재하면서 일정한 역할과 기능을 수행한 시기가 고려왕조기라는 공통점을 가진다. 이들 집단을 묶어 부곡제라 한 것은 바로 이러한 이유 때문이다. 따라서 부곡제라는 용어가 이들 집단을 묶어 호칭하는 데 가장 적합한 용어라 생각한다. 이 책에서도 그렇게 호칭하기로 한다.

부곡제는 좁은 의미로는 향, 부곡, 소, 처, 장이 포함되며, 넓은 의미로는 이들 집단과 비슷한 지위와 역할을 한 진, 역 등을 포함할 수 있다. 즉 부곡제는 이러한 집단을 하나로 묶어 부르는 개념이다. 또한 이들 집단은 중국의 부곡과 달리 군현제 혹은 지방 행정 조직의 일부로서, 국가의 지배질서 속에 존재했다. 따라서 부곡제는 향, 부곡, 소, 장, 처 집단에 대한 국가의 지배 방식(혹은 수취 방식)을 지칭하는 개념이다. 이런 점에서 군현제가 주, 부, 군, 현 등의 단위 조직을 묶어서 부르는 개념이면서 이들에 대한 국가적 지배 방식을 뜻하는 것과 마찬가지 방식으로 부곡제라는 용어를 사용하고자 한다. 또한 이 책에서는 글의 내용을 쉽게 설명하거나 분명하게 드러내기 위해 필요할 경우 부곡제 대신 부곡 집단이라는 용어도 함께 사용하게 될 것이다. 즉 이 책에서 부곡제와 부곡 집단은 같은 개념으로 쓰일 것이다.

부곡제의 존재시기

삼국시기에서 조선 초기까지 오랜 시간 존재한 향, 부곡, 소, 장, 처 집단은 그 규모가 어느 정도였으며, 주로 존재한 시기는 언제일까? 궁금하지 않을 수 없다. 현재까지 조사한 바에 따르면 향, 부곡, 소, 장, 처 등 부곡 집단의 전체 숫자는 920여 개나 된다(구체적인 내용은 36쪽의 〈표 1〉을 참고할 것).

그렇다면 이들 집단이 부곡제로 묶여 그 고유한 역할과 기능을 동시에 수행한 시기는 언제일까? 부곡인 천인설(이하 천인설)을 주장한 임건상은 《승람》에 실린 802개의 부곡 집단(자신의 통계 기준에 따르면 802개는 각각 부곡 417개, 향 141개, 소 244개로 구성되었다 함)은 대부분 대동강 이남에 있었으며, 특히 경상·전라·충청도에 전체의 75퍼센트가 존재했다고 말한다. 즉 지리적으로 대동강 이남 통합신라의 판도 안에 집중되어 있다고 했다. 임건상은 이러한 분석을 근거로 부곡 제도는 고려시기가 아니라 통합신라 내지 그 이전 삼국시기에 우리나라 전역에서 실시되었다고 결론 내린다(임건상 1963, 105~111). 또한 고려시기 부곡 70개 가운데 군현으로 승격된 것이 60퍼센트, 향, 부곡으로 강격된 것이 13퍼센트에 불과한 것으로 보아 고려시기에는 부곡이 소멸되는 추세였으며(참고로 여기에 제시된 수치는 임건상이 집계한 것이다), 부곡제는 12세기 계급투쟁기 부곡 주민의 집단적 투쟁으로 해체됐다고 주장한다(임건상 1963, 69~86).

그러나 《승람》에는 향과 부곡을 제외한 소, 장, 처가 고려시기에 처음 발생한 것으로 되어 있다. 또한 실제 삼국시기에 소, 장, 처 집단이 존재했다는 기록도 찾을 수 없다. 따라서 920여 개의 집단이 함께 존재하면서 군현제의 일부로서 일정한 역할을 수행한 시기는 고려시대로 봐야 한다. 구체적인 예를 들기로 하겠다.

첫째, 《승람》 편찬자는 〈등신장조〉에서 부곡 집단의 성씨 기록을 《주관육익》을 참조하여 정리했다고 밝혔다. 참고로 《주관육익》은 공민왕 때 김지金祉가 편찬했는데(허흥식 1981), 현재 전해지지 않는다. 그런데 《승람》에는 이 책이 많이 인용되어 있다. 주로 고려시기 군현제와 지방 사회와 관련된 내용이다. 《승람》 편찬자가 부곡의 성씨 관련 자료를 《주관육익》에 의존해 정리한 것은 부곡 집단이 고려 때 주로 존재했기 때문이다.

둘째, 《세종실록지리지》(이하 《세지》)와 《승람》에 등장하는 부곡 집단의 명칭을 정리하면, 향은 153개다(구체적인 내용은 36쪽의 〈표 1〉을 참고할 것). 그런데 《삼국사기》 〈지리지〉에는 소재지를 알 수 없는 삼국시기 향 49개의 명칭이 〈유명미상지분有名未詳地分조〉에 실려 있다. 이 향 49개 가운데 고려시대 153개 향의 명칭과 일치하는 것은 없다. 《세지》와 《승람》은 《삼국사기》 〈지리지〉를 참고했기에 49개 향의 명칭을 놓칠 리 없는데도 그것을 싣지 않은 것은 고려시기의 것만을 정리한다는 기준 때문일 것이다. 따라서 《세지》와 《승람》의 자료를 중심으로 정리된 〈표 1〉의 부곡 집단은 고려왕조 때 존재한 것이 분명하다.

셋째, 현재 부곡 관련 자료가 고려시기 부곡 자료라는 또 다른 증거는 다음의 기록에서 알 수 있다. 《고려사》에 따르면 고려 성종 2년(983) 6월 공해전公廨田을 지급했다. 1,000정丁 이상 규모의 군현과 향·부곡에 지급된 공해전은 각각 300결과 20결이다. 또한 100정 이상 규모의 군현과 향·부곡에 지급된 공해전은 각각 70결과 15결이다. 또한 50정 이하의 향·부곡에 공수전公須田 10결, 지전紙田 3결, 장전長田 2결이 지급되었다(77쪽의 〈표 2〉 참고). 요컨대 향과 부곡은 고려 초기에 지방 행정 조직으로 편제되었고, 운영에 필요한 경비는 국가로부터 토지를 지급받아 마련했다.

또 다른 기록을 보자. 현종 13년(1022) 4월 부곡에 거주하는 향리는 군현의 향리인 〈호장戶長〉과 구별하여 〈장長〉으로 불렸다(《고려사》 권75 선거3 향직鄕職조). 정종 2년(1036) 밀성 소속 뇌산牢山부곡 등은 홍수로, 숙종 7년(1102) 동경 관내 부곡 등은 한발로 인해, 각각 조세를 감면받았다(《고려사》 권80 식화3 재면지제災免之制). 이에 따르면 고려 때 지방 행정 조직의 일부인 부곡 집단에는 행정

《고려사》 권78 식화1 〈공해전시조〉

920여 개의 향과 부곡, 소, 장, 처가 함께 존재하면서 군현제의 일부로서 일정한 역할을 수행한 시기는 고려시대다. 《고려사》의 〈공해전시조〉는 향과 부곡이 고려 초기에 지방 행정 조직으로 편제되었고, 운영에 필요한 경비는 공해전을 지급받아 마련했음 알려준다.

실무를 전담한 토착 향리가 존재했으며, 그 주민은 군현민과 같이 필요에 따라 조세를 감면받았다. 《세지》와 《승람》 등 조선 초기 지방지 편찬 목적의 하나는 전왕조의 지방 사회의 모습을 정리하는 것이었다. 지방지 편찬자들이 지방 행정 조직의 일부인 부곡 집단과 그 주민에 관한 기록을 놓칠 리 없다. 따라서 이들 지방지에 수록된 부곡 관련 자료는 고려시대의 것일 수밖에 없다.

마지막으로 고려왕조의 역자驛子, 진척津尺, 부곡인은 고려 태조 때 왕명을 거역하여 천역賤役을 부담한 자들이라 했다(《태조실록》 권1 원년元年 8월 기사己巳조). 즉 고려 태조 왕건의 명령을 거역한 자들이 부곡인으로 편제되었다. 또한 전조前朝(고려) 때 주부군현 설치 시 그 관내(임내)에 향, 소, 부곡을 두었다고 한다(《태종실록》 권28 14년 7월 을해乙亥조). 이는 부곡제가 고려 때 군현제의 일부로 편제되었다는 사실을 뒷받침한다. 한편 조선 태조 2년(1393) 당시 경기도 주현과 부곡, 향, 소의 전체 숫자가 81개였다고 한다(《태조실록》 권3 태조 2년 4월 기사己巳조). 조선왕조 건국 직후의 기록인 점을 감안하면, 이 수치는 고려 후기 경기도 일원의 군현과 부곡 집단의 실제 숫자에 가까울 것이다. 《세지》에 따르면 당시 경기도 내 군현의 수가 41개, 향, 부곡, 소의 수가 45개로 전체 86개로, 위의 수치 81개와 거의 일치하고 있다. 이는 부곡제가 고려시대에 주로 존재했음을 입증하는 유력한 근거가 된다.

부곡 집단의 존재 형태

현재 부곡 집단의 소재지와 명칭 등에 관해 가장 풍부한 기록을 남기고 있는 자료는 《승람》〈고적조〉다. 《세지》는 부곡 집단 주민의 성씨 관계 기록을 상세하게 남기고 있다. 부곡 집단에 관한 규정과 제도, 주민의 활동에 관한 기록은 《고려사》에 많이 수록되어 있다. 그 외에 《경상도지리지》에도 관련 기록이 실려 있다. 이들 자료에 나타난 부곡 집단의 명칭을 《고려사》 지리지의 편차인 5도 양계兩界를 기준으로 나눠 각 지역별 분포 상황을 정리하면 다음의 〈표 1〉과 같다.

〈표 1〉에 따르면, 소속 군현이 밝혀지지 않은 3곳을 제외하면, 현재까지 확인된 부곡 집단은 모두 918개다. 이전에 899개를 확인했으나(박종기 1990, 〈부록〉 참고), 이후 20여 사례를 더 추가했다. 〈표 1〉을 중심으로 부곡 집단의 분포 형태와 그 특징을 정리하면 다음과 같다.

〈표 1〉 향, 부곡, 소, 장, 처의 분포 상황

	부곡	향	소	처	장	계
개성부開城府	0	1	1	1	0	3
양광도楊廣道	93	34	78	21	12	238
경상도慶尙道	240	43	58	1	2	344
전라도全羅道	85	56	116	2	0	259
교주도交州道	1	2	16	3	1	23
서해도西海道	0	7	9	3	3	22
동계東界	5	1	6	0	0	12
북계北界	7	9	1	0	0	17
합계	431	153	285	31	18	918

* 소속 불명의 군악향軍岳鄕, 은파장銀波莊과 금미장今彌莊 3곳은 제외.

부곡, 향, 소, 장, 처의 다섯 개 집단 가운데 부곡이 전체의 47퍼센트로 가장 많다. 다음으로 소(31퍼센트), 향(17퍼센트), 처(3퍼센트), 장(2퍼센트)의 순이다. 향, 부곡, 소의 3개 집단이 전체의 95퍼센트를 점하고 있어, 3개 집단이 실제 부곡제의 중심 집단임을 알 수 있다.

지역별 분포 상태를 살펴보면, 부곡의 경우 전체 부곡의 약 56퍼센트가 경상도 지역에 분포되어 있다. 그 다음이 양광도楊廣道(지금의 충청도와 경기 일대, 21퍼센트)와 전라도(20퍼센트)다. 남부 지역인 경상도, 전라도, 양광도의 3개 도에 전체 부곡의 약 97퍼센트가 분포되어 있었다. 이런 추세는 향과 소의 경우에도 나타난다.

전체 향의 87퍼센트, 전체 소의 88퍼센트가 경상도, 전라도, 양광도의 세 지역에 집중되어 있다. 전체 부곡 집단의 95퍼센트를 차지한 향, 부곡, 소 3개 집단의 92퍼센트가 위의 세 지역에 집중되어 있었다. 물론 서해도와 교주도, 양계와 경기 지역인 개성부에도 존재하긴 했다. 하지만 현재까지의 기록으로 볼 때 큰 의미를 부여하기는 어렵다. 양광도, 경상도, 전라도 지역은 조선시대는 물론 고려시대에도 왕조정부의 주요 수취원이었다. 이들 지역에 부곡 집단이 집중된 사실로 미루어 보아, 부곡 집단은 사회경제적으로 왕조정부의 수취 문제와 밀접한 관련을 지닌 존재였음을 알 수 있다.

부곡 집단은 생산기능과 역할에 따라 향과 부곡, 소, 장과 처의 3개 집단으로 구분할 수 있는데, 이를 기준으로 3개 집단의 분포의 특성을 검토하기로 한다. 〈표 1〉에 따르면 향과 부곡이 전체의 64퍼센트로 가장 많다. 소(전체의 31퍼센트)는 향과 부곡의 절반에도 미치지 못하며, 처와 장은 전체의 5퍼센트로 부곡 집단에서 차지하는 비중이 매우 낮다. 지역별 분포 상황을 살펴보면, 향과 부곡은 전체 숫자(584개)의 절반에 가까운 48퍼센트가 경상도에 집중되어 있다. 그 다음은 전라도(24퍼센트)와 양광도(22퍼센트)다. 전체 숫자의 94퍼센트가 3개 도에 집중된 것은 소와 장, 처를 포함한 부곡 집단 전체 숫자의 92퍼센트가 이들 지역에 집중된 추세와 비슷하다.

왜 이 세 지역에 향과 부곡이 집중적으로 분포되어 있을까? 뒤에서 언급하겠지만, 향과 부곡은 삼국시기 이래 개간을 통해 형성된 신촌新村을 특수 행정 조직으로 편제하는 과정에서 혹은 고려 왕조 건국 시 반왕조 집단을 향과 부곡에 편제하는 과정에서 형성되었다. 해당 주민들은 주로 둔전, 공해전 등 국가 직속지 개간에 동원되거나 새로운 성보城堡를 수축하고 그곳에서 소용되는 토지를 개간하는 역을 부담했다. 삼국시기 이래 상대적으로 개발이 활발하게 이루어진, 옛 신라의 영역인 경상도 지역에 향과 부곡이 많이 분포된 것은 이 때문이다. 양광도와 전라도 지역 역시 비옥한 지역으로 물산이 상대적으로 풍부한 곳이다. 이 지역이 신라시기 이래 개발이 상대적으로 많이 이루어졌기 때문에 향과 부곡 집단이 많이 분포했던 것이다.

소는 전라도에 116개(전체의 약 41퍼센트)와 양광도 78개(전체의 약 27퍼센트)가 존재한다. 향, 부곡 집단과 달리 소는 전체의 약 70퍼센트가 이 두 지역에 집중되어 있다. 소는 금, 은, 동, 철 등 광산물, 소금, 미역, 포 등 농수산물과 도자기, 종이, 차, 먹, 칼 등 수공업제품을 전문적으로 생산하는 곳이다. 따라서 해당 물품의 원재료가 풍부하게 생산되는 곳이어야 소가 설치될 수 있다. 또한 소에서 생산되는 제품은 대부분 국가 유지에 필요한 제품이거나 왕실과 문벌귀족 등 상류층이 소비하는 제품이다. 따라서 해로나 수로를 통해 손쉽게 공급할 수 있는 운반과 수송의 편의성이 소 설치의 또 다른 요건이다. 전라도와 양광도의 두 지역에 소가 집중적으로 분포된 것은 이 지역이 서해안에 인접하고 있어 해로나 수로를 통해 수도 개경과 쉽게 연결되는 교통로상의 이점 때문이다.

예를 들면, 고려청자의 주 생산지는 전라도 강진과 부안 등 서해안 일대다. 이곳은 지리적으로 중국의 선진적인 도자기 기술이 서해를 통해 쉽게 수용될 수 있고, 생산된 자기가 해로를 통해 수요가 집중된 수도 개경으로 쉽게 운반될 수 있는 이점을 동시에 갖고 있다. 도자기의 수요뿐만이 아니었다. 통일신라 하대부터 이곳을 중심으로 선종이 유행한데다 차 생산에 유리한 자연조건까지 갖춰 이곳에는 다소茶所 또한 많이 존재했다. 우수한 고려지高麗紙가 전라도의 전주와 남원에서 많이 생산된 것도 서해 해로를 통해 개경에 쉽게 연결될 수 있는 교통로상의 이점 덕분이었다. 소가 서해안을 접한 전라도와 양광도 지역에 집중 분포된 것은 이러한 이유 때문이다.

한편 처와 장의 경우 전체 숫자(49개)의 67퍼센트가 양광도에 집중되어 있다. 다음으로 서해도(12퍼센트)에 많이 분포되어 있다. 양광도의 경우 수주水州(수원, 9곳), 충주(5곳)에 집중 분포되어 있고, 양주의 천령川寧, 괴주槐州(충북 괴산), 음죽, 황려(여주) 등지에 각각 2곳이 분포되어 있다. 뒤에서 언급하겠지만, 처와 장은 왕실과 사원의 수조지다. 따라서 개경에 있는 왕실과 사원이 쉽게 수취할 수 있는 입지조건 때문에, 수취의 편의상 개경에서 가까운 지역에 소재할 수밖에 없었을 것이다. 남아 있는 처와 장의 수치가 적어 큰 의미는 없지만, 장과 처가 수도 개경과 가까운 양광도와 서해도 지역에 집중적으로 분포한 것은 이러한 조건 때문이다.

전라도 강진의 청자 가마터

▲ 소는 농수산물과 수공업제품을 전문적으로 생산하는 곳으로, 전체의 약 70퍼센트가 전라도와 양광도에 집중되어 있다. 특히 전라도의 강진과 부안이 고려청자의 주생산지였던 것은 해로를 통해 수도 개경과 쉽게 연결되는 편리한 교통 때문이다.

▼ 〈△제(?)所〉에서 생산되었음을 알려주는 명문이 선명하다. 고창 선운사 동불암 출토.

청자기와 명문

고려지의 우수성을 엿볼 수 있는 〈석가탑 중수기〉

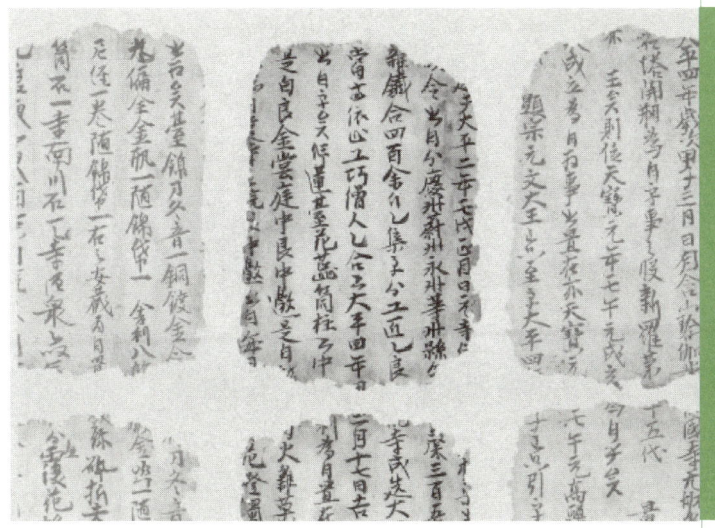

▲ 고려종이도 청자와 마찬가지로 전라도 지역(전주, 남원)에서 많이 생산되었다.
▼ 명문 〈○○縣 器村 何支爲〉가 새겨진 통일신라시대 토기 파편. '기촌器村'은 토기를 만든 곳이며, '하지위何支爲'는 이 도기를 만든 사람의 이름이다. 서울 사당동 출토.

통일신라시대 토기 파편

1장_부곡제의 개념과 존재 형태 • 41

부곡 집단은 이상과 같이 생산과 입지 조건, 교통과 수취의 편의성 등에 따라 특정 지역에 집중적으로 분포되어 있다. 이러한 사실은 부곡 집단이 왕조정부의 재정 기반 확보에 커다란 기여를 한 존재이자, 국가적인 수취체제의 한 축으로 그 역사적 기능을 수행했음을 알려준다. 즉 부곡 집단은 고려왕조의 재정 기반을 확보하기 위해 토지 지배와 그에 기반한 조세 및 역역 수취를 실현하기 위한 조직으로서, 군현체제 아래 조직된 특수 행정 조직의 일부였다. 또한 그 주민은 왕조정부가 필요로 했던 물품과 토지 생산을 위해 특정의 역을 부담한 역사적 존재다. 고려시기 부곡 집단의 본질은 바로 이것이다.

2장
부곡 집단의 기원과 전개

연구노트 2 _ 부곡 연구의 다른 길, 신분론과 기원론

부곡인과 부곡 집단을 연구하면서 마주치는 문제는 '우리 역사에서 언제, 어떤 과정을 통해 부곡인과 부곡 집단이 등장하게 되었을까?' 하는 물음이다. 부곡 집단과 주민의 기원에 관한 문제인데, 이에 대한 남한과 북한의 연구는 매우 대조적이다. 남한의 연구는 기원 문제보다는 부곡인의 신분 문제에 초점을 두고 진행되었다. 즉 부곡인의 신분을 양인으로 볼 것인가 아니면 천인으로 볼 것인가 하는 양천 논의에 초점을 둔, 이른바 '신분론'이 연구의 대세였다. 부곡 집단의 기원을 밝히는 이른바 '기원론'은 여전히 연구의 주된 관심에서 벗어나 있다.

부곡 연구에서도 그렇지만, '기원론'은 제도, 사건, 문화, 사상 등 모든 분야의 역사 연구에 가장 기초적이면서 본질적인 물음이자 역사적 사고와 성찰의 출발이다. 북한에서는 유물사관에 입각하여 '기원론'에 중점을 두고 부곡 연구를 진행했다. 그들은 부곡인과 부곡 집단의 기원을 추적하는 방식을 통해 자연스럽게 부곡인의 신분 문제에 접근했다. 그런 점에서 방법론상 남한의 연구보다 진일보한 측면이 있다. 북한 연구는 부곡 연구의 핵심적인 문제에 먼저 접근함으로써, 부곡 연구의 '아젠다'를 선점한 셈이다.

임건상의 논지에 따르면, 우리 역사에서 부곡 집단은 고대 국가 발생 시기 성읍城邑에 근거를 둔 토지 소유자인 토호세력이 자신들의 우세한 정치 경제력을 통해 주변 촌락의 주민을 집단적으로 예속화하는 과정에서 발생했다고 한다. 따라서 예속된 촌락의 주민인 부곡인은 자연스럽게 촌락 예속민인 천인으로 편제된다. 이후 국가가 토호세력을 제거하고, 촌락을 국가의 지배질서 내로 편성하면서 부곡 집단으로 제도화된다(이 책의 〈보론〉 참고). 부곡 집단의 기원을 기원 전후 고대 국가 성립 과정에서 찾는 관점에는 적지 않은 문제가 있다. 그러나 기원 문제를 통해 부곡인의 신분을 밝힌 점은 임건상 연구의 강점이자, 북한의 부곡 연구의 강점이다. 북한의 또 다른 연구자 백남운과 김석형도 같은 방법론을 구사하고 있다. 천인설이 1970년대까지 남한에서조차 더 설득력을 얻은 것은 이 때문이다.

남한의 연구는 신분 논의에 초점을 맞추어 진행했다. 양천의 어느 입장이든, 기원 문제에 대해서는 고찰하지 않았다. 그러나 기원론으로 뒷받침되지 않은 양인설은 나무의 뿌리와 줄기를 외면한 채 나무의 잎과 숲만 바라보는 방법론상의 허점을 지니고 있다. 왜 부곡인이 양인 신분인가에 대한 만족할 만한 설명을 제시하지 못한다면, 양인설은 설득력을 잃게 된다. 양인설은 이같이 기원 문제에 대해 매우 취약한 논리구조를 지니고 있다. 다음의 글은 이러한 연구방법론상의 약점을 보완하기 위해 양인설의 입장에서 부곡 집단의 기원 문제를 검토하기로 한다.

노인과 노인촌

노인과 노인촌의 개념

노인촌奴人村과 노인奴人이라는 용어는 1988년 경북 울진에서 발견된 울진봉평신라비蔚珍鳳坪新羅碑(524년 건립. 이하 '봉평비'로 줄임; 한국고대사학회 1989)와 2004년 경남 함안 성산산성城山山城에서 1992~2002년 사이에 수습된 목간木簡(557~561년 무렵 작성; 국립문화재연구소 2004) 자료에 처음 나타난다. 관련 내용은 다음과 같다.

1) (신라왕은) 별교別敎를 발령하여 "거벌모라居伐牟羅에 영속領屬된 남미지南彌只(촌村)는 원래 노인촌奴人村이었다"고 명령하셨다. 남미지촌이 노인奴人(촌村)이라 하더라도 전시前時에 왕이 크게 교敎했다. "법도가 막히고, 군주의 위엄이 막혀 야사성耶思城이 실화失火하여 성城을 둘러싸고 대군을 일으켰다. 유능한 통치자가 있다면 열심히 훌륭한 정

울진봉평신라비
:
노인奴人과 노인법奴人法이라는 용어는 1988년 경북 울진에서 발견된 울진봉평신라비에서 처음 등장한다. 울진봉평신라비는 524년(법흥왕 11) 국왕의 명령이 제대로 전달되지 않아 노인촌인 남미지촌에서 소요 사태가 일어나자 이를 수습하고 사건의 재발을 막기 위해 만들어졌다.

봉평비의 '대노촌' 부분

봉평비의 '노인법' 부분

봉평비의 '노인' 부분

울진봉평신라비 부분

울진봉평신라비에서 '노인奴人'은 4행의 13, 14자이고, '노인법奴人法'은 5행의 23, 24, 25자이며, '대노촌大奴村'은 5행의 11, 12, 13자다. 이 봉평비를 통해 6세기경 신라 사회에 노인과 노인촌이 존재했음을 알 수 있다. 특히 노인법의 존재는 신라 사회에서 노인과 노인촌이 공식적인 지방 사회 조직의 일부였음을 알려준다.

치를 하라"라고 명령하셨다. (새로운 교사敎事를 하셨다.) "신라의 인민은 △하고, 영토는 평안하고, 왕은 위대하다. (한편으로) 노인촌 奴人村은 빈한貧寒하여 공히 (하나로) △하게 하라. 그 나머지 일은 노인법奴人法을 철저하게 시행하라."

  2) 5번 목간: 구리벌仇利伐 △덕지德知 일벌一伐 노인奴人(염鹽)
    35번 목간: 내은지內恩知 노인奴人 거조지居助支 부負

〈자료 1〉에 따르면 524년(법흥왕 11) 봉평비가 세워진 직접적인 원인은 노인촌인 남미지촌 일대에서 일어난 사태 때문이다. 즉 '국왕의 명령이 제대로 전달되지 않아 노인촌인 남미지촌의 일부 성촌이 실화로 성을 잃자, 대군을 동원하여 이 지역 주민을 회유하라' 는 전시前時 국왕의 교서에 근거하여 524년(법흥왕 11) 법흥왕 이하 6부의 최고 지도자들이 교서를 내려 사태를 수습하고 사건의 재발을 막기 위해 비문이 작성된 것이다. 노인촌과 노인법이라는 용례는 이 자료에 처음 나타난다.

〈자료 2〉는 성산산성에서 수습된 목간 94점 가운데 노인이라는 용어가 기록된 두 점의 목간이다. 5번 목간에는 △덕지德知는 구리벌仇利伐 소속의 노인으로 일벌一伐이라는 외위를 소지하고, 성산산성에 소금[鹽]을 공급한 사실이 기록되어 있다. 35번 목간에는 인명으로 추정되는 내은지內恩知와 거조지居助支가 기록되어 있고, 두 인명 사이에 노인奴人이 기록되어 있다. 누가 노인인지는 알 수

성산산성의 노인이라는 용어가 기록된 두 점의 목간

5번 목간   35번 목간

노인奴人이라는 용어는 경남 함안 성산산성에서 수습된 목간(557~561년 무렵) 94점 중 두 점의 목간에서도 발견되었다. 봉평비와 같이 6세기 무렵 신라 사회에 노인과 노인촌이 존재했음이 분명한 사실로 확인되었다.

성산산성 유적 전경(남쪽에서)

없다. 출신지도 기재되어 있지 않다. 또한 어떤 물품을 표시한 '부貟' 자가 기록되어 있다.

이를 통해 봉평비(524)와 목간(557~561년 무렵)이 작성된 6세기 무렵 신라 사회에는 노인과 노인촌이 존재했고, 그에 관한 규정을 담은 노인법이 제정되어 있음을 확인하게 된다. 노인법의 존재는 신라 사회에서 노인과 노인촌이 공식적인 지방 사회 조직의 일부였음을 알려준다.

연구에 따르면, 신라는 새롭게 편입한 구고구려 영역의 주민과 거주지를 신라 영역과 주민으로 바로 편제할 수 없어 노인과 노인촌으로 편성했다고 한다(이성시 1989, 1071~1076). 또한 노인은 신라에 점령당한 집단적 예속민이며 그들을 대상으로 한 법령이 노인법이라고 한다(주보돈 1989, 119). 위의 연구에 따르면, 노인과 노인촌은 신라가 정복활동 등을 통해 비신라 계통의 주민과 지역을 예속하는 과정에서 발생된다고 한다. 또한 그러한 주민과 지역을 지배하기 위해 노인법을 제정했다고 한다. 뒤에서 언급하겠지만, 노인과 노인촌은 비신라 영역의 주민과 지역은 물론 신라 사회 내부의 발전 과정에서 자국 내의 영토와 주민을 새로운 지배질서에 편입하는 과정에서도 발생했다.

그렇다면 신라가 새로 편입한 지역과 주민을 신라의 지배질서로 편입하여 노인과 노인촌으로 편제하고 노인법으로 법제화한 시기는 언제일까? 고구려 광개토왕(391~413)이 본격적으로 정복활동을 하던 4세기 후반에서 5세기 전반 무렵 신라는 고구려 등 주변 국가에 비해 국력이 약하여 정복 국가로서의 체제를 갖추지 못했다. 따라서 노인과 노인촌이 제도적으로 형성되는 시기는 신라가 고구려의 영향력에서 벗어난 때로 보는 편이 자연스러울 것이다.

신라가 고구려의 영향력에서 벗어나기 시작한 것은 눌지왕(417~457) 집권 후반기인 5세기 중엽 이후다. 이때부터 신라와 고구려의 관계는 국경에서 양국이 서로 충돌하는 등 새로운 국면으로 접어들게 된다(장창은 2004, 234~240). 노인과 노인촌의 발생도 신라가 주변 국가의 영향력에서 벗어나 본격적으로 대외 진출을 시도하는 5세기 중엽 이후로 봐야 할 것이다. 봉평비와 목간에 나타난 노인과 노인촌이 존재한 지역을 중심으로 구체적으로 살펴보기로 한다.

노인과 노인촌의 발생

봉평비가 건립된 지금의 울진 지역은 원래 고구려의 우진야현于珍也縣이다. 봉평비가 세워진 법흥왕 11년(524) 당시 신라 영토인 것으로 보아, 그 이전에 신라에 편입되면서 노인과 노인촌이 발생된 것으로 생각된다. 봉평비에 따르면, 봉평비를 건립하고 주민을 처벌한 현지 책임자는 실지군주悉支軍主와 실지도사悉支道使다. 《삼국사기》에 따르면, 실지悉支는 원래 실직국悉直國으로, 지금의 삼척 지역이다. 따라서 봉평비가 세워진 거벌모라居伐牟羅 지역도 실직국의 관할 지역이다. 또한 이 지역을 포함한 동해안 일대는 자비왕에서 소지왕 때까지의 5세기 후반 고구려와 신라 간 군사 충돌로 인해 영역과 주민의 잦은 이동과 귀속이 잇따랐으며, 영토와 주민을 확보하기 위해 대규모 축성 작업도 이루어졌다.

지증왕 5년(505) 신라는 역부를 징발하여 파리성波里城(강원 삼척), 미실성彌實城(경북 흥해), 진덕성珍德城(?), 골화성骨火城(경북 영천) 등 12성을 축조한다. 축성된 지역은 삼척 지역에서 흥해를 거쳐 수도 경주의 인근 영천 지역까지다. 12성의 축조로 동해안 일대의 전략적 요충지에 대한 축성 작업은 마무리된다. 축성 작업과 함께 새로 편입된 구고구려 지역의 주민은 물론 신라의 지배를 벗어나 있던 주민을 신라의 지배질서로 편제시키는 작업도 물론 이루어졌을 것이다. 남미지촌南彌只村을 거벌모라에 영속시키고, 이들 지역과 주민을 각각 노인촌과 노인으로 편제한 것도 이 무렵으로 추정된다. 그러한 사실이 봉평비에서 '거벌모라의 남미지촌(의 주민)은 원래 노인이었다'고 기록되었던 것이다. 따라서 봉평비의 노인과 노인촌은 실제로 5세기 후반 무렵에 발생된 것으로 추정된다.

다음은 목간에 나타난 노인과 노인촌의 발생에 대해 살펴보자. 앞에서 인용한 성산산성의 목간(557~561년 사이 제작)을 다시 인용한다.

5. 구리벌仇利伐 △덕지德知 일벌一伐 노인奴人(염鹽)

35. 내은지內恩知 노인奴人 거조지居助支 부負

5번 목간은 출신지(구리벌仇利伐)+인명(△덕지德知)+관등(일벌一伐 노인奴人)+물품(염鹽)의 순으로 기재되어 있다. 즉 '구리벌 출신으로 외위外位가 일벌一伐인 노인 △덕지德知가 성산산성에 소금을 공급했다'는 내용이다. 노인 △덕지德知는 구리벌 지역에 거주했다. 성산산성의 다른 목간 자료에 따르면 '구리벌仇利伐 상삼자촌上彡者村'(목간번호 1, 3, 34) 또는 '구리벌 동곡촌彤谷村'(목간번호 33)으로 기록된 예가 있다. 즉 구리벌은 상삼자촌과 동곡촌 등의 하급 촌락을 관할한 상급 행정단위다. '거벌모라居伐牟羅의 남미지촌南彌只村'(봉평비)과 같이 거벌모라가 노인촌인 남미지촌을 관할하는 상급 행정단위인 것처럼, 구리벌은 노인인 △덕지德知가 거주한 노인촌을 관할한 상급 행정단위다. 즉 노인촌은 구리벌 일대에 존재했다. 그렇다면 구리벌은 어느 지역에 있던 곳일까? 연구에 따르면, 지금의 충북 옥천 부근으로 추정된다(진홍섭 1965, 20; 이종욱 1974, 11; 주보돈 2000, 56~57).

그렇다면 이 지역에 노인촌과 노인이 존재한 이유는 무엇일까? 이 지역은 신라가 대외로 진출하는 데 주요한 교통로의 하나인 추풍령로에 위치하고 있으며, 고구려의 남진로이자 신라의 대외 진출로 역할을 하는 등 5세기 중반 이후 백제를 포함한 삼국의 접경지이자 치열한 접전지다. 또한 이 일대는 신라에 의해 집중적으로 축성이 이루어진 곳이다. 구리벌 일대에 노인과 노인촌이 발생한 사실도 이러한 사정과 관련이 있다. 《삼국사기》에서 구리벌 일대의 축성 작업을 정리하면 다음과 같다(괄호 안 현재 지명은 한국정신문화연구원에서 출간한 《역주 삼국사기》의 지명고증을 따랐다).

1) (자비왕) 17년(474) 일모성一牟城(충북 청원 문의면), 사시성沙尸城(충남 홍성 장곡면), 광석성廣石城(?), 답달성沓達城(경북 상주 화서면), 구례성仇禮城(충북 옥천), 좌라성坐羅城(충북 영동 황간면) 등을 쌓았다.
2) (소지왕) 8년(486) 봄 정월 이찬 실죽實竹을 장군으로 삼아, 일선군一善郡 관할 정부丁夫 3천 명을 징발하여 삼년산성三年山城과 굴산성屈山城(충북 옥천 청산)의 두 성을 개축했다.

〈자료 1〉에 따르면 자비왕 17년(474) 구례성에 대한 축성 작업이 있었다. 구례성은 목간 자료의 '구리벌'과 같은 지역이다. 또한 〈자료 2〉에 따르면 소지왕 8년(486) 구리벌 인근 지역인 굴산성屈山城(충북 옥천 청산)에도 축성 작업이 있었다. 축성은 단순한 방어시설의 구축에 그치지 않는다. 축성된 지역과 그 주변 지역을 묶어 새로운 행정구역으로 편제하고 해당 지역 주민을 호적에 올리는 작업이 뒤따른다. 따라서 축성은 지방 지배질서를 새롭게 구축하는 일종의 통치 행위다. 현지 주민은 물론 다른 지역 주민을 이주시켜 축성 작업에 동원시키고, 축성 후 해당 지역을 새로운 행정구역으로 만들고, 축성에 동원된 주민을 신설된 행정구역의 주민으로 편적編籍시킨다. 예를 들면 〈자료 2〉에서 삼년산성과 굴산성 개축에 동원된 일선군 관내 정부TΛ 3천 명이 성이 수축된 후 그곳의 주민으로 편적되었다.

목간에 나타난 구리촌 관할의 노인과 노인촌은, 이상과 같이, 신라가 자국 영토에서 축성 작업을 통해 새로운 지배의 거점을 확보하고, 확보된 지역과 주민을 국가의 지배질서로 편제하는 과정에서 형성되었다. 구리벌의 경우로 미루어 보아 5세기 후반 무렵 노인과 노인촌이 형성된 것으로 판단되며, 그 발생 경로는 피정복 예속민을 편제하는 과정에서 형성된 봉평비의 경우와 다른 경로로 형성되었음을 보여준다. 즉 5세기 후반 이후 새롭게 확보한 촌락과 주민을 국가질서로 포섭하기 위해 축성을 통해 새로운 행정단위를 신설하는 과정에서, 영세한 촌락이나 저항이 심한 촌락과 그 주민을 각각 노인촌과 노인으로 편제했던 것이다.

부곡 집단의 선행 형태, 노인과 노인촌

봉평비(524)와 목간(557~567년 무렵)에 나타난 노인과 노인촌은 신라가 독자적으로 대외 진출을 하는 과정에서 영토를 확장하기 시작하면서 새로 편입한 지역과 주민에 대한 축성과 편적 작업을 통해 만들어졌다. 따라서 노인과 노인촌은 예속민과 예속민 집단을 편제하는 과정에서 형성되었다. 우리 역사에서 예속민은 고대국가 형성기부터 발생되었다. 그러나 고대국가 형성기에 발생한 신라의 예속민 집단은 신라가 고구려의 영향력 아래에 놓이기 시작하면서 예속의 강도가 느슨해지거나 해체될 가능성이 많았다. 예속 지역과 주민을 노인과 노인촌으로 편제한 것은 신라가 본격적으로 활발하게 대외 진출을 하기 시작한 5세기 후반 무렵이었다. 그러나 노인과 노인촌을 제도화한 노인법의 제정은 지증왕 6년 (505) 주군제州郡制나 율령의 도입 이후에야 가능했을 것이다.

노인과 노인촌의 발생 과정은 남북한 연구에서 설명한 부곡 집단의 발생 과정과 매우 유사하다. 북한의 경우 우리 역사에서 기원 전후 정치 경제적으로 우세한 부족이 주변 촌락의 주민을 집단적으로 예속하는 과정에서 부곡의 시원적인 형태가 발생했으며, 이후 백제, 신라 등 고대국가의 통일적 지배에 편입되고 제도화되는 6세기 무렵 부곡제가 완성된다고 말한다(임건상 1963, 160~166). 뒤에서 언급하겠지만, 남한의 경우 다양한 형태의 예속민을 편제하거나 개간을 통해 형성된 촌락, 즉 신촌新村을 국가질서로 흡수하는 과정에서 6세기 무렵 향과 부곡이 발생하기 시작하여, 통일신라기에 군현제의 하부 단위인 향, 부곡으로 편제되었다.

이상과 같이 노인과 부곡 집단은 그 발생의 계기나 경로는 매우 유사한 과정을 밟고 있다. 두 집단은 예속민 집단으로서 신라가 본격적인 대외 진출을 통해 새롭게 확보한 영토를 지배질서 속으로 편제하는 과정에서 발생한 공통점을 지닌다. 5~6세기 신라의 역사 공간에서 노인과 노인촌, 부곡 집단이라는 사회제도와 조직이 각각 서로 다른 경로를 통해 발생하여 별개로 존재할 수 있을까? 신라는 노인촌과 부곡 집단을 동시에 유지할 정도로 다양한 사회 조직과 제도가 필요했던 걸까? 비록 명칭은 다르나 동일한 두 집단을 각각 다른 각도에서 바라본 것이 아닐까? 이런 점에서 저자는 노인과 노인촌은 부곡 집단의 선행 형태로 보고자 한다. 신라가 삼국을 통일한 후 대대적으로 군현을 개편하는 과정에서 이전의 노인과 노인촌은 군현의 하급 행정단위인 향과 부곡으로 편제되었던 것이다.

삼국 통일신라기의 향과 부곡

향과 부곡 형성의 사회경제적 배경

삼국시기의 향과 부곡은 목간에 나타난 노인과 노인촌의 발생과정과 유사한 경로를 통해 형성된다. 신라의 경우 기원전후 철기문화를 수용하면서 철제 농기구가 보급되어 경작지가 확장되고 생산량도 증대되었다. 소의 축력을 이용한 우경牛耕의 보급과 농업용수 확보를 위한 관개시설의 축조와 정비도 농업생산력을 향상시켰다. 이에 따라 6세기 무렵 이후 새로운 촌락이 광범하게 형성되고, 인구도 증가했다. 또한 읍락공동체 내부의 계층 분화와 해체가 진행되면서 그에 기반한 공납제적인 수취질서도 와해되기 시작한다.

  이러한 변화를 주도한 계층은 선진 철기문화를 먼저 수용한 재지 유력층이다. 당시 하층민들은 농기구의 소유나 재력 자체가 빈

약하여 4~6세기 읍락공동체의 분화 과정에서 대체로 재지 유력층의 용작민으로 흡수되거나 다른 지역으로 유리되었다. 철제농기구, 축력畜力 등 우세한 생산기술과 재력을 가진 재지 유력층이 이러한 용작민이나 하층민을 이용하여 미개간지를 개간, 토지 소유를 확대하는 과정에서 새로운 촌락이 상당수 형성되었다. 철기문화를 선진적으로 수용한 재지 유력층 주도의 농경지 개간책이 당시 촌락의 신설과 분화, 촌역의 확대에 큰 영향을 미친 것이다.

또한 주군제를 통해 유리농민流離農民을 안집安集하여 토지에 긴

신라와 고려시대 철제 농기구

삼국시기 향과 부곡은 철제 농기구의 보급 등에 따라 새로운 촌락이 광범하게 형성되는 과정에서 만들어졌다. 사진은 당시의 철제 농기구들인 경기 용인 언남리 출토 통일신라시대 쟁기(좌), 충남 청양 고려시대 호미(우).

박시켜 그들의 재생산 기반을 안정화시키려던 신라국가의 정책도 새로운 촌락이 형성되는 여건이 되었다(전덕재 1990, 40~49; 김재홍 1995, 91). 지증왕 6년(505)의 주군제는 이러한 배경 속에서 시행되었다. 즉 개간 확장으로 인해 지방 사회에 새로운 촌락이 많이 형성되어 인구가 늘어나고, 촌의 영역이 확대되는 등 촌락 사회가 성장·발전함에 따라 시행될 수 있었다(하일식 1993, 43~45; 주보돈 1992, 70~93; 1995, 113~122).

이상과 같이 6세기 초 주군제는 한편으로는 재지 유력층의 근거지를 중심으로 새로운 행정단위를 신설하는 과정이자, 다른 한편으로는 지방 사회에 광범위하게 형성된 신촌新村과 그 주민을 국가질서로 편제하는 과정이었다. 신라국가는 신설된 촌락 가운데 일부는 주군제 속에 편입시켰으며, 그렇지 못한 영세한 촌락은 뒷날 향과 부곡으로 편성시켰다. 이러한 토대를 마련한 것이 주군제의 시행이었다. 신라시기 향과 부곡은 이러한 사회경제적 배경 속에서 발생한다.

다산茶山 정약용丁若鏞은 부곡의 발생에 대해 다음과 같이 설명하고 있다.

> 우리나라의 군현은 그 경계를 나누는 데 정해진 이치가 없다. 한두 구역이 인근 현의 외곽에 넘어가 있거나, 어떤 현의 한가운데 있거나, 간혹 (군현의) 경계에 접해 있어 개의 어금니처럼 맞물려 있는 경우도 있어, 군현을 분할한 흔적을 찾을 수 없다. 대개 군현을 설치하던 초기에

신성한 대인이 강역을 이같이 한 것은 아닐 것이다. 새와 짐승들이 모여 있는 것처럼 스스로 형성된 촌락은 부곡이라 한다(《승람》에 보인다). 그 후 부곡을 없애고 여러 현으로 만들 때 경계를 따지지 않고 부곡을 마음대로 예속시켰는데, 그 뒤로 이를 답습한 것이 지금에 이르렀다. 군현 경계의 정밀하지 못함이 이와 같았다(《경세유표》 권8 지관수제地官修制 전제田制10 정전의井田議10).

위의 글에서 다산은 우리나라 군현의 경계는 처음부터 어떤 원칙에 따라 반듯하게 구획되지 않았다고 말한다. 때문에 인근 군현의 촌락들이 다른 군현의 외곽으로 개의 어금니처럼 서로 맞물려 있거나 다른 군현의 경계에 걸쳐 있거나 넘어가 있고, 어떤 촌락은 다른 군현의 한가운데 존재하는 경우도 있다고 했다. 그리고 이는 부곡 집단을 없애면서 군현의 경계를 고려하지 않고 마음대로 군현에 예속시킨 때문이라 했다. 즉 군현 경계를 사이에 두고 촌락들이 서로 맞물려 넘나들거나 다른 군현의 한가운데 존재한 모습은 조선 초기 지방 사회에 많이 나타난 월경지越境地 현상인데, 다산은 그런 현상이 부곡 집단의 소멸 해체 과정에서 비롯한 것이라 했다.

또한 다산은 부곡의 모습과 발생을 마치 새와 짐승이 모인 것[조합수취鳥合獸聚]과 같이 스스로 형성된 촌락[자성촌락自成村落]이라 했다. 이는 부곡 집단이 특정 지역에 집단적·조직적으로 모여 있던 집촌集村이 아니라 여러 지역에 흩어져 있던 산촌散村의 형태로

밀양 고매부곡

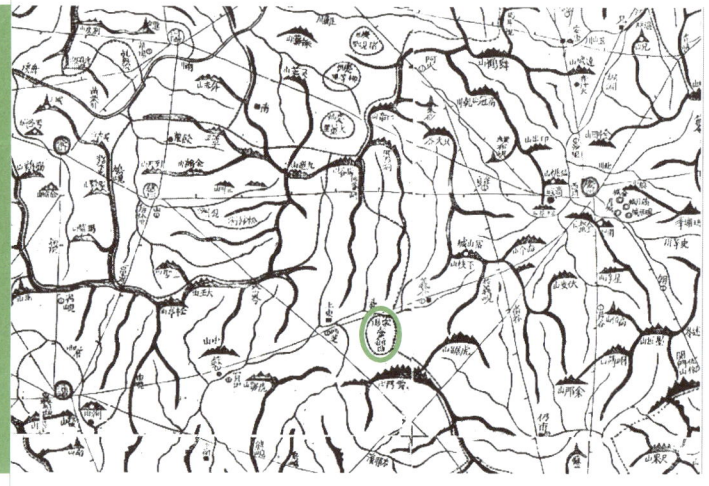

밀양의 두야보부곡 소속 촌락인 고며리는 청도 지역으로 넘어가 월경처를 형성한다. 이 월경처는 이후 고매부곡으로 편성된다. 이우성은 이러한 사실에 착목하여 향과 부곡이 월경처에서 비롯되었다고 말한다. 부곡이 신경작지를 찾아 주민이 이동하는 과정에서 형성되었다고 본 것이다.

존재했고 자연적으로 발생했음을 알려준다. 발생 시기를 언급하지 않았지만 부곡 집단의 발생에 대한 다산의 언급은 신라시기 철기문화가 광범하게 확산된 4~6세기 이후 활발한 개간으로 새로운 촌락이 광범하게 형성되었으며, 이러한 촌락을 군현제를 통해 국가의 지배질서로 수렴하는 과정에서 향과 부곡이 발생했다고 본 관점과 매우 유사하다.

한편 향과 부곡의 형성을 월경처越境處에서 구한 견해도 있다. 조선시대 밀양의 두야보頭也保부곡 소속 촌락인 고며리古旀里가 청도 지역으로 넘어가 월경처를 형성했고 이것이 뒤에 고매古買부곡으로 편성된 사실에 착목하여, 부곡이 신경작지를 찾아 주민이 이동하는 과정에서 형성되었다고 본 것이다(이우성 1991, 135~141). 이러한 견해는 천인설과 같이 고대국가 형성기 종족 집단 사이의 지배와 정복 전쟁에서 천민적 성격의 예속민 집단이 발생했는데 그 집단이 바로 부곡의 원초적 모습이라고 파악한 것과는 다른 입장이다.

부곡 제도의 성립과 주민의 존재 형태

그렇다면 다산의 견해와 같이 새와 짐승들이 모여 있는 것처럼 스스로 형성된 촌락을 부곡으로 제도화한 것은 언제일까? 향과 부곡이 지방제도의 일부로서 제도화된 것은 통일신라기 군현 개편 때다. 구체적인 근거는 〈등신장조〉의 기록이다. 〈등신장조〉의 해당 기사만 다시 옮기면 다음과 같다.

> 지금 살펴 보건대 신라가 주州와 군郡을 설치할 때 전정田丁과 호구戶口가 현縣이 될 수 없는 곳을 향鄕이나 부곡部曲으로 삼아, 이들이 있었던 군현[소재지읍所在之邑]에 소속시켰다.

위의 기록에 따르면 신라는 주와 군을 설치할 때 토지와 인구가 현이 될 수 없는 소규모 촌락(거주지)을 향과 부곡으로 편제하고, 가까운 군현에 소속시켜 군현제도의 일부로 제도화했다. 시기는 대체로 통일신라기 혹은 9주 5소경을 설치한 신문왕神文王 때로 보고 있다(박종기 1988; 노중국 1988; 이문기 1990). 또한 그 시원(선행) 형태는 앞에서 검토했듯이 5세기 후반 노인과 노인촌의 발생에서 찾아볼 수 있다.

한편 기원후 4~6세기경 철기문화의 수용에 따라 사회경제적 변화를 겪으면서 신라 사회에는 많은 촌락이 신설되었고 인구도 크게 증가했다. 이러한 사회경제적 변화를 지배질서 속에 수렴하는 과정이 6세기 초의 주군제 시행이다. 6세기 초 주군제 실시로 향과 부곡이 군현제의 일부로서 제도적으로 형성되는 토대가 마련되었다.

그리고 7세기 후반 통일신라기 군현 개편으로 향과 부곡은 군현제의 일부로 제도화된다. 신라는 삼국을 통일한 후 대대적인 군현 개편을 단행한다. 옛 백제와 고구려 영역을 흡수하여 전국에 새로운 수취체제를 수립한다. 또한 6세기 중엽 이후 광범하게 형성된 새로운 촌락 가운데 인구와 토지 규모가 군과 현이 될 수 없는 곳을 향, 부곡으로 삼아 군현제의 하부구조에 편제시켰다. 또한 구고구려나 백제 영역의 군현 중에서도 군이나 현의 세를 유지할 수 없는 지역은 향과 부곡으로 재조정했다(노중국 1988, 142~145). 7세기 후반 군현 개편은 이전부터 성장·분화해온 촌락을 국가질서로 수렴하여 향과 부곡으로 편제, 군현제도의 일부로 제도화한 점에서 역사적 의의가 있다.

김부식은 《삼국사기》〈지리지〉 서문에서, '9주가 관할한 군현은 무려 450개나 된다. 방언으로 이른바 향과 부곡 등의 잡소雜所는 다시 갖추어 싣지 않는다[九州所管郡縣 無慮四百五十 方言所謂 鄕部曲等雜所 不復具錄]'고 했다. 여기서 '9주'라는 표현으로 보아, 9주가 설치된 시점에 이미 향과 부곡이 존재했음을 알 수 있다. 9주는 빠르면 7세기 후반 신문왕대에서 늦어도 8세기 중엽 경덕왕대에 설치된다. 따라서 신라시대 향과 부곡은 늦어도 경덕왕대인 8세기 중엽에는 존재했다고 볼 수 있다. 다음의 여러 기록들도 그런 사실을 뒷받침한다.

향덕向德은 웅천주熊川州의 판적향板積鄕 사람이다. 아버지의 이름은 번길番吉이며, 성품이 온아하여 향리에서 그의 행동거지를 높이 평가했다. 어머니의 이름은 알 수 없다. 향덕 또한 효자로 칭송을 받았다. 천보 14년(755, 경덕왕 14) 흉년으로 백성들이 굶주리고, 질병까지 발생했다. (향덕의) 부모도 굶주리고 병이 들었고, 어머니는 종기가 나서 거의 죽게 되었다. 향덕은 종일 정성을 다해 돌보았다. 양식이 없어 자신의 살을 베어 부모에게 먹이고, 어머니의 종기를 입으로 빨아 부모님을 편안하게 해드렸다. 향사鄕司(판적향의 관아)에서 그 사실을 웅천주에 보고하고, 웅천주는 국왕에게 보고했다. 왕은 교서를 내려 조租 3백 곡斛, 주택과 토지를 주었다(《삼국사기》 권48 향덕 열전).

판적향 주민 향덕비

경덕왕 때 사람인 효자 향덕向德이 어머니를 극진히 봉양한 효행을 기리는 신, 구 2기의 비와 주초가 공주시 소학동에 남아 있다. 유형문화재 제99호. 향덕의 효행은 《삼국사기》 〈향덕열전〉에 전한다.

위의 기록에서 판적향에 거주한 향덕은 지극한 효심으로 부모를 봉양하여 국왕으로부터 곡식과 토지 등을 포상으로 받았다. 그의 부친 역시 훌륭한 품행으로 향리 사람들의 칭송을 받았다. 향덕 부자의 행동거지를 통해 그들은 개인이나 국가에 예속되어 천대를 받는 부자유스러운 천인 신분이 아님을 알 수 있다. 한편 판적향에서 일어난 사실이 웅천주로 보고된 것으로 보아, 판적향은 웅천주의 지휘를 받는 지방 행정단위였던 것이다.

또한 882년 무렵 건공향建功鄕이라는 향이 있었으며, 향의 책임자로 향령鄕令이 존재했고(《한국금석전문》 봉암사지증대사적조탑비鳳巖寺智證大師寂照塔碑), 향촌주鄕村主도 존재했다(《한국금석유문》 신라청주연지사종新羅菁州蓮池寺鍾(833년 조성))는 사실도 알 수 있다. 이처럼 통일신라기 향鄕은 지방 행정단위의 하나이며, 여기에는 행정을 책임진 향령과 향촌주가 있었다. 향령과 향촌주는 향사鄕司에서 치안 유지, 조세 및 역역의 징수 등 향의 행정업무를 담당했을 것이다. 한편 낭원대사 개청(854~930)의 아버지 김유거金有車는 유강군에서 벼슬을 했다가 '탁향啄鄕'에 은둔하여 일생을 마쳤다고 한다(《한국금석전문》 지상선원낭원대사오진탑비地藏禪院郞圓大師悟眞塔碑). 그가 은둔한 '탁향'은 천민의 집단 거주지는 아니었던 것으로 보인다. 관인 출신인 그가 굳이 그러한 곳에 머물려 하지 않았을 것이다. '탁향'은 현이 될 수 없을 정도로 토지와 인구가 소규모인 한적한 벽촌僻村이 아니었을까 추측된다.

또한《삼국사기》권37 지리4 〈삼국유명미상지분三國有名未詳地分조〉에 따르면 이름만 있고 소재지를 알 수 없는 49개의 향명鄕名이 수록되어 있다. 반면 부곡의 경우 천산穿山부곡(《경지》수산현守山縣조)과 대병大幷부곡(《고려사》권57 지리2 공성현功城縣조) 등 명칭만 전해질 뿐 그 이상의 사실은 확인할 수 없다.

신라청주연지사동종

향촌주의 명칭이 실려 있는 연지사동종(상)과 그 명문이 새겨진 부분을 탁본한 사진(하)이다.

고려시기 부곡 집단의 형성과 제도 정비

신생 촌락에 대한 편제

통일신라기의 향과 부곡 조직은 고려왕조에도 계승되어, 이전과 같이 지방의 특수 행정 조직의 일부로 편제되었다. 다음의 기록이 그러한 사실을 잘 보여준다.

> 백제의 가짜 왕[백제위왕百濟僞主](후백제 신검神劍)이 막료를 이끌고 항복을 하자, 여러 도의 추호酋豪들이 군사를 이끌고 정성을 바쳤다. 이에 모든 주州, 군郡, 현縣, 향鄕이 구름처럼 아침저녁으로 조정에 모여들고, 산골의 도둑과 흉악한 무리들까지 잘못을 뉘우치고 다투어 귀순했다 《동인지문사육東人之文四六》 권8 〈신성왕친제개태사화엄법회소神聖王親製開泰寺華嚴法會疏〉).

고려 태조 19년(936) 태조 왕건이 후백제를 정벌한 후 개태사開泰寺를 창건하고 손수 지은 〈화엄법회소華嚴法會疏〉의 일부다. 태조는 당시 지방 군현이 고려왕조에 귀부한 사실을 기록했는데, 귀부한 군현 단위에 주, 부, 군, 현과 함께 향도 포함되어 있다. 앞에서 언급했듯이 활발한 개간을 통해 형성된 새로운 촌락이 통일신라기 군현 개편을 통해 군현 단위의 하나가 되었다. 고려 초기에도 향은 존속하고 있었던 것이다.

아울러 태조의 기록은 고려시기에도 개간으로 인한 신생촌락의 형성이 계속되고 있었음을 말해준다. 50여 년간에 걸친 후삼국 통

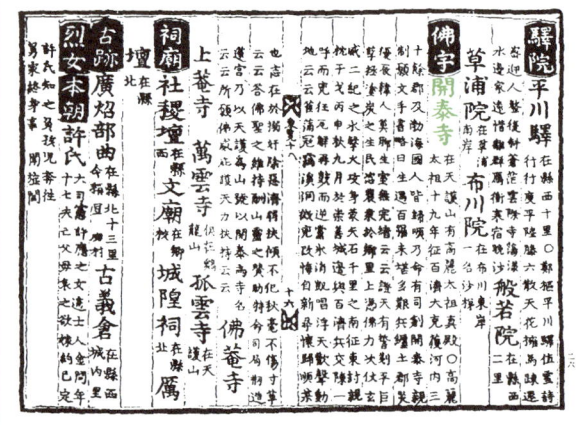

〈화엄법회소〉

고려 태조 왕건이 후백제 정벌 후 개태사를 창건하고 손수 지은 〈화엄법회소〉는 고려 초기에도 향이 존재하고 있었음을 알려준다.

합전쟁으로 백성들이 전쟁에 동원되거나 그를 피해 유망하면서 대부분의 농경지는 황폐화되었다. 전쟁을 수습한 고려정부의 당면 과제는 이처럼 황폐화된 농경지를 개간하여 농업 생산을 증대시킴으로써 조세를 안정적으로 수취하는 일이었다. 농경지 개간은 전쟁으로 경작이 중단된 진전陳田을 다시 경작하거나 산전山田을 개간하는 방향으로 이루어졌다. 전시과의 일부인 시지柴地를 관료들에게 지급했던 것 역시 산지 개발을 위한 조치였다(홍순권 1987). 이 과정에서 새로운 촌락이 많이 형성되었고, 그러한 신생촌락은 향, 부곡으로 편제되었다.

  구체적인 예를 들어 보기로 한다. 주민들이 다른 군현으로 넘어가 개간하여 형성된 신생촌락은 월경처로 파악되어 부곡으로 편제되었다(이우성 1983). 앞에서 언급한 밀양의 고매부곡이 그러한 경우다. 또한 고려시기 주읍(주현)의 토성이 분화되는 과정에서 주읍의 일부 토성들이 신촌新村으로 이주하면서 임내성任內姓, 부곡성部曲姓이 발생했다(이수건 1984). 따라서 월경지 또는 신촌은 농경지가 연작상경의 단계로 전환되는 조선 초기까지 지속적으로 생겨났다. 이 과정에서 신생촌락 가운데 토지나 인구가 군현이 될 수 없었던 촌락은 향과 부곡 집단으로 편제되었다.

역명자 집단에 대한 편제

부곡 집단은 후삼국 통합전쟁을 통해서도 새롭게 편제되었다.

지난 왕조의 5도와 양계의 역자驛子와 진척津尺, 부곡인은 모두 태조 때 명을 거슬린 자들로서 천역賤役을 담당하게 했다(《조선왕조실록朝鮮王朝實錄》 권1 태조太祖 원년元年 8월 기사己巳조).

위 기록은 조선 태조 때 사헌부가 올린 상소문의 일부다. 사헌부는 고려 태조 때 '역명자逆命者', 즉 국명을 거역한 자들을 진, 역, 부곡인으로 편성하여 천역을 부담시켰다고 했다. 후삼국 통합전쟁에서 고려왕조에 반대한 세력이 이른바 '역명자' 집단이며, 이들이 왕조 건국 후 역과 진, 부곡인으로 편성되어 고된 역을 부담했던 것이다. 다음은 위의 기록을 뒷받침한다.

선생[이집李集]의 선조[이자성李自成]는 신라 내물왕 때 내사령으로 칠원백漆原伯이 되었다. 대대로 그 작위를 세습했다. 신라가 이미 멸망했으나, (후손들이) 홀로 칠원의 영성甖城을 굳게 지켜 싸우면서 그 절개를 굽히지 않았다. 고려 태조는 크게 노하여 군대를 증원하여 포위 공격한 끝에 함락시켰다. 그 지속들을 옮겨서 회안역리淮安驛吏(지금의 광주廣州 경상역慶尙驛)로 삼아 역을 지게 했다(《둔촌유고遁村遺稿》 권4 부록附錄).

칠원(지금의 경남 함안군) 호족 이자성이 고려 태조에 불복 항거하자, 태조는 이곳을 정벌한 후 이자성과 그 무리들을 광주廣州의 회안역리로 삼아 대대로 역역驛役을 짊어지게 했다. 역명자 집단이 부곡제의 일원인 역에 강제로 편제된 구체적인 예다.

또 다른 예를 들어보기로 한다. 신라 때 지금의 경북 영천 지역인 임고군臨皐郡에는 장진현長鎭縣, 임천현臨川縣, 도동현道同縣, 신녕현新寧縣, 민백현䍃白縣 등 5개의 영현이 소속되어 있었다. 그런데 임천현 출신 황보능장皇甫能長이 고려 태조에게 귀순하자 이 지역의 군현은 변동된다. 그의 근거지인 임천현을 중심으로 임고군 도동현을 합쳐 영주永州가 신설되었다(《고려사》 권57 지리2 영주永州 조 참고). 또한 민백현은 신녕현에 합쳐지고, 장진현은 죽장이竹長伊부곡으로 개편된다(《삼국사기》 권45 지리1 임고군조 참고). 장진현이 부곡이 된 것은 이곳이 반왕조 세력 집단의 거주지였기 때문일 것이다. 황보능장처럼 고려에 귀순한 세력의 경우 그 근거지에다 주변의 군현을 떼어주어 그 세를 보강시켜 권위를 부여하는 한편으로 왕조에 대한 충성을 유도했다. 반면 반왕조적인 세력의 경우 그에 대한 응징으로 출신지를 부곡으로 만들어 고된 역을 부과했다. 부곡 집단의 일부는 이같이 반왕조적인 집단을 재편하면서 형성되었다. 한편 향과 부곡 집단뿐만 아니라 소, 장, 처도 신설되었다. 이들 집단에 대해서는 뒤에서 다룰 것이다. 이같이 한국사에서 부곡제는 고려시기에 제도적으로 완결된 형태를 갖추게 된다.

부곡 집단에 대한 제도 정비

고려의 군현제도는 태조 때부터 정비되기 시작했다. 군현제도의 일부인 부곡 집단도 역시 이 무렵부터 정비되기 시작했다. 다음의 기록에서 알 수 있다.

> 1) 공성현功城縣은 원래 신라 때 대병大幷부곡이다. 고려 초 지금의 이름으로 고쳐졌다(《고려사》 권57 지리2).
> 2) (재산현才山縣은) 옛날에 덕산德山부곡이었다. 고려 태조 때 재산현이 되었다(《경지》 재산현조才山縣條).

위 기록에 따르면 신라 때 대병부곡이 고려 초, 즉 태조 때 상주 속현인 공성현으로 개편되었다(〈자료 1〉). 신라 때 덕산부곡이 태조 때 안동의 속현인 재산현으로 개편되었다(〈자료 2〉). 이같이 고려 건국 직후부터 부곡에 대한 개편이 이루어졌다.

983년(성종 2) 6월 군현과 향, 부곡 및 관역館驛에 공해전시公廨田柴를 지급했는데(《고려사》 권78 식화1 공해전시公廨田柴조 참고), 군현과 함께 향과 부곡에도 지급되었다. 이를 표로 정리하면 다음과 같다.

〈표 2〉 고려시기 공해전 지급 현황(983)

	등급	공수전公須田(결結)	지전紙田(결結)	장전長田(결結)
군현	1,000정丁 이상	300		
	500정丁 이상	150	15	5
	200정丁 이상	결缺	결缺	결缺
	100정丁 이상	70	10	
	100정丁 이하	60		4
	60정丁 이상	40		
	30정丁 이상	20		
	20정丁 이하	10	7	3
향·부곡	1000정丁 이상	20		
	100정丁 이상	15		
	50정丁 이하	10	3	2

공해전은 관청의 경비 조달을 위해 지급된 토지로서, 여기에서 나오는 조세로 행정에 필요한 비용으로 지출한다. 공수전은 관청의 운영에 필요한 경비를 충당하기 위한 토지이며, 지전은 관청에 필요한 종이를 조달하기 위한 토지이며, 장전은 향리들에게 지급된 토지다. 위 표를 통해 몇 가지 사실을 확인할 수 있다.

첫째, 고려 건국 후 70여 년이 지난 성종대에 향과 부곡은 군현과 같이 독자의 행정관청을 가진 지방 행정 구역의 일부로서 제도화되어 있다. 즉 통일신라기 이래의 제도를 계승하여 고려 전기에도 지방 행정 조직의 일부로서 존재하고 있었다.

둘째, 〈등신장조〉의 기록에 따르면 통일신라기 향과 부곡은 인구나 토지의 규모가 작아 군현이 될 수 없는 소규모 행정단위였다. 그러나 위 표에 따르면 군현 가운데 1,000정 이상이 가장 큰 규모인데, 향과 부곡의 경우에도 그런 규모의 행정단위가 존재하고 있다. 후삼국 통합전쟁 등으로 왕조 건국에 반대한 지역을 응징하는 과정에서 이러한 대규모 향과 부곡이 발생한 것으로 생각된다. 이는 통일신라기와 다른 고려시기 부곡 집단의 역사적 특성을 잘 보여준다.

셋째, 같은 규모의 군현과 향, 부곡이라도 공해전 지급액에 차이가 있다. 1,000정 이상의 경우 군현에는 공수전이 300결이 지급되었으나, 향과 부곡은 겨우 20결이 지급되었다. 마찬가지로 100정 이상의 경우 군현에는 공수전이 70결이 지급되었으나, 향과 부곡에는 15결이 지급되었다. 군현과 같은 규모의 향과 부곡에 이같이 적은 액수의 공수전이 지급된 것은 두 행정관청의 위상의 차이인 동시에 향과 부곡의 주민이 상대적으로 군현의 주민에 비해 차별을 받았음을 뜻한다.

다음의 기록은 1019년(현종 10) 강감찬이 거란군 격퇴 후 국왕이 그를 포상한 기록이다.

왕이 몸소 영파역迎波驛에 나아가 금화팔지金花八枝를 직접 (강)감찬의 머리에 꽂고 왼손으로 그의 손을 잡고 오른손으로 술잔을 잡고 위로하면서 칭찬하기를 그치지 아니했다. 감찬은 절하고 사례하면서 어쩔 줄

몰라 했다. (왕은) 드디어 (영파역의) 이름을 흥의역興義驛으로 고치고 역리들에게 관대冠帶를 내려 주현의 향리와 같이했다(《고려사》 권94 강감찬姜邯贊전).

위의 기록에 따르면 같은 지방의 이속층이지만 역리와 주현의 향리 사이에는 관대 등 공복公服에 제도적으로 구별이 있었다. 공복제도는 신분제 사회에서 존비와 상하 구별을 위해 관료기구의 정비와 함께 마련된 질서체계다. 군현의 향리와 역리가 착용한 공복에 차이가 있었던 것은 둘의 지위가 다르기 때문이다. 역과 같은 지위인 부곡의 향리도 군현의 향리에 비해 차별을 받았을 것이다. 공복은 물론 호칭에도 다음과 같은 차별이 있었다.

(현종) 13년(1022) 4월 최사위崔士威가 상소하기를, '향리의 호칭이 혼잡합니다. 지금부터 여러 주부군현의 향리는 호장戶長이라 부르고, 향·부곡·진·역의 향리는 단지 장長으로 부릅시다'라고 했다. 국왕이 이를 허가했다(《고려사》 권75 선거3 향직鄕職조).

군현의 향리는 〈호장〉으로, 부곡 지역의 향리는 단순히 〈장〉으로 호칭을 구분했는데, 이는 같은 향리라도 군현과 부곡의 향리 간 지위에 차별이 있었음을 뜻한다.

이상과 같이 통일신라기 군현 개편으로 지방 행정 조직의 일부로 제도화된 향과 부곡은 고려왕조 때에도 군현제의 일부로서 계승되었다. 한편 후삼국 통합전쟁을 겪고 건국된 고려왕조는 반反왕조적인 세력 집단을 향과 부곡으로 새롭게 편제했다. 이 과정에서 그 규모나 부담하는 역의 내용이 이전과는 다른 유형의 부곡 집단이 형성되었다. 또한 해당 지역의 생산조건에 따라 향, 부곡 외에 소, 처, 장 등을 부곡제의 일부로 편제하여, 국가가 필요로 하는 특정의 역을 부담하게 했다. 부곡 집단은 성종 때 공해전 분급 과정에서 제도적으로 다시 정비되었다. 그리고 군현제도의 틀이 완성되는 현종 때 부곡 집단에 대한 제도 정비는 거의 마무리된다.

3장
부곡인의 삶과 존재 형태

연구노트 3_부곡 연구의 또 다른 돌파구, 〈식화지〉 연구

 석사학위 논문을 완성한 후 학부 시절 은사이신 김용섭 교수님을 방문했다. 선생님은 저자가 학부를 졸업하던 해 연세대학교로 자리를 옮기셨다. 선생님은 학부 3학년 때부터 졸업 때까지 저자의 지도교수셨다. 학부 시절 내내 저자는 선생님의 강의와 연구에 많은 가르침과 영감을 받았다. 논문을 드리면서 관련 자료가 너무 부족하여 앞으로 부곡 연구는 더 계속할 수 없을 것 같다는 석사논문 작성 당시 느꼈던 소감을 선생님께 말씀드렸다. 선생님은 자료라는 것은 관점이나 접근 방법을 새롭게 하면 언제나 확장이 가능하다는 요지의 말씀을 하시면서, 부곡 연구는 전근대 한국 사회의 구조를 해명하는 데 매우 중요한 주제이기 때문에 앞으로 10년 정도는 더 연구해야 할 중요한 주제라고 덧붙이셨다.
 선생님은 변변치 못한 석사논문의 결과 때문에 매우 위축된 저자의 심리 상태를 마치 꿰뚫고 계신 듯했다. 선생님의 말씀은 부

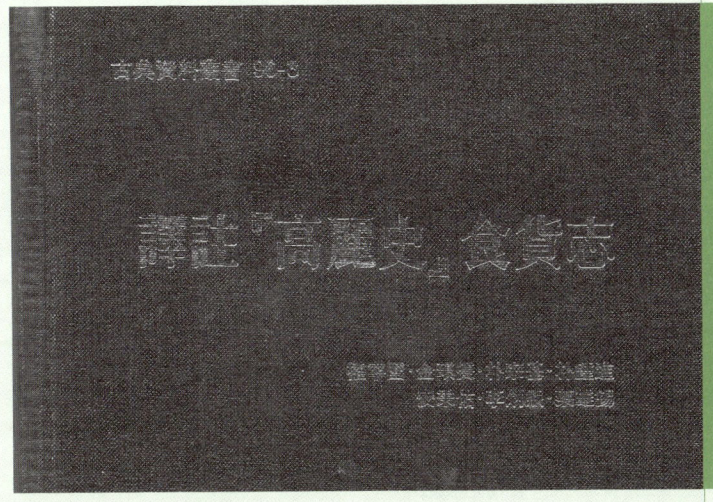

《역주 고려사 식화지》 표지

고려사 전공 연구자들과 함께한 《고려사》〈식화지〉 연구 모임의 결실.

곡 연구를 포기하려 했던 저자에게 다시 용기와 자극을 불러일으켰다. 그 때문인지 저자는 이후 박사학위논문까지 10년 동안 다시 부곡 연구에 매달리게 된다.

그로부터 얼마 지나지 않아, 부곡 연구의 시각과 방법론을 새롭게 하는 계기를 맞게 되었다. 1982년 가을 고려사를 전공하는 주변의 동료 후배들과 《고려사》〈식화지食貨志〉 연구 모임을 꾸려 〈식화지〉를 통독하기 시작했다. 모임은 안병우 학형(현재 한신대 교수)의 제안으로 시작되었다. 이후 쉬지 않고 지속되다가 1996년 《역주 고려사 식화지》(한국정신문화연구원)의 출간으로 끝을 맺었다. 이

모임은 저자에게 부곡 연구의 시각과 자료의 확장을 가져다준 귀중한 모임이 되었다.

역주 작업의 결실인 책 발간 때까지 십수 년 동안 지속된 강독 모임은, 구성원의 출입이 더러 있었지만, 저자와 안 교수를 포함하여 책의 발간 작업에 참가하는 등 끝까지 이 모임에 참석한 권영국(현 숭실대 교수), 김기섭(현 부산대 총장), 박종진(현 숙명여대 교수), 이병희(현 한국교원대 교수), 채웅석(현 가톨릭대 교수) 등 7명이 주요 멤버였다. 이 모임 때문인지는 몰라도 당시 석, 박사 과정을 밟고 있던 위의 연구자들도 모두 고려왕조기 사회경제사를 연구 주제로 학위논문을 완성했다.

저자가 쓴 이 책의 서문에는 1980년대 초반 당시 학계의 분위기가 잘 드러나 있다.

> 1980년대 초반은 고려사 연구, 특히 사회경제사 연구가 활발하게 이루어지던 때였다 …… 김용섭 교수의 양전量田과 전품田品에 관한 연구와 이성무 교수의 공사전公私田 연구와 조율租率에 관한 연구 등이 이루어지면서 고려시기 사회경제사 연구는 크게 활기를 띠었으며, 이전에 비해 연구 방법론이나 내용에 큰 진전이 이루어지기 시작했다. 강진철 교수의 고려 후기 농장 연구, 빈중승浜中昇의 전시과와 고려 후기 사급전賜給田 연구도 이 무렵에 이루어졌다 ……
> 식화지 연구 모임을 시작한 것도 이러한 당시의 학계 분위기와 결코 무관한 것이 아니었다고 생각된다. 당시에는 오늘과 같이 조직적인 연구

단체나 연구 모임이 있었던 것도 아니었다. 그러나 한국사의 새로운 역사상을 수립하려는 움직임이 당시 젊은 연구자 사이에 활발하게 일어나면서 한국사의 각 분야에서 그를 위한 연구의 소모임들이 학술운동의 형태로 태동되기 시작하던 때였다. 식화지 연구 모임도 이러한 새로운 학술 분위기의 한 모퉁이를 차지한 채 시작되었다.

1980년대 초반 젊은 연구자들을 중심으로 분야별·시대별 소모임이 활성화되던 학계 분위기 속에서 〈식화지〉 모임이 시작되었던 것이다. 저자는 이 모임을 통해 고려시기 사회사와 경제사 관련 연구 자료와 성과를 새롭게 점검하는 귀중한 기회를 가졌다. 또한 사회경제적 측면에서 부곡 집단과 주민에 대해 접근하는 방법론을 얻게 되었다.

당시 남한의 부곡 연구는 부곡인의 신분이 양인과 천인 중 어느 쪽인가에 초점이 맞춰져 있었다. 부곡 집단, 부곡 주민의 사회경제적 지위와 역할에 관한 연구는 거의 이루어지지 않았다. 이 시기 사회경제 관련 기록이 담긴 〈식화지〉 강독을 통해 부곡인의 사회경제적인 지위에 관심을 갖게 되면서, 부곡 연구의 시각과 방법론을 확장한 것은 자연스러운 일이었다. 이뿐만이 아니었다. 부곡 집단의 성격을 신분 문제 외에 군현제 및 수취체제 문제 등 여러 각도에서 접근하여 살핌으로써 연구의 영역과 방법론을 확장하는 데 커다란 도움을 받았다.

또한 〈식화지〉 모임 당시 저자는 중국의 부곡 연구 성과도 공부했다. 1970년대 이전 중국에서의 부곡 연구는 대부분 당나라 율령에 규정된 부곡=사천민이라는 법제사적인 측면에서 이루어졌다. 당나라 부곡의 성격을 밝히는 것이 연구의 주 경향이었다. 그러나 1970년대 이후에는 예속민(한대와 남북조)에서 천민(당대)으로, 다시 천민에서 전호 혹은 농노(송대 이후)로 부곡의 신분이 변화·발전하는 사실에 주목한 중국 부곡 연구가 눈에 띄었다. 특히 송대 이후 부곡이 전호나 농노 신분으로 변화한 사실을 당·송 변혁의 분기점 혹은 봉건제적 생산관계의 변화로 보는 등 연구 방법론이 크게 바뀌고 있었다. 이런 변화는 부곡의 노동 형태, 생산관계 등 부곡을 당시의 사회경제적 여건과 관련시켜 연구하는 쪽으로 발전했다.

 중국의 연구 동향과 성과를 검토하면서 한국사의 부곡 집단과 주민도 사회경제적 측면에서 새롭게 접근할 필요성을 느꼈다. 마침 시작한 〈식화지〉 모임은 부곡인의 사회경제적 지위를 새롭게 검토하는 데 매우 유익했다. 당시 중국사의 연구 성과를 정리하면서 부곡인에 대한 고려정부의 수취 문제를 다룬 첫 연구가 바로 〈고려 부곡제의 구조와 성격—수취체계의 운영을 중심으로〉(《한국사론》 10, 서울대 국사학과, 1984)다. 이 논문을 토대로 이후 연구를 확대시킨 것이 이 책의 3장 〈부곡인의 삶과 존재 형태〉다.

군현 지배구조와 재정 운영

군현 지배구조와 부곡 집단

통일신라와 고려시기에 걸쳐 향과 부곡은 군현제도의 일부였다. 고려왕조기에는 향과 부곡 외에 소, 장, 처가 신설되어 부곡제 영역을 구성했다. 이 영역에 속한 부곡 집단은, 앞의 〈표 1〉에서 보듯, 모두 920여 개나 된다. 넓은 의미에서 이 영역 속에는 역과 진 등 교통기관도 포함된다. 참고로 '부곡部曲'이라는 용어는 같은 한자문화권인 중국에서도 사용되었다. 중국에서 부곡은 예속민 혹은 사천민私賤民이라는 특정 부류의 인간 집단을 의미했다. 그러나 한국의 부곡은 지방 행정단위 명칭으로, 중국과 그 개념이 달랐다. 고려의 경우 주, 부, 군, 현 등의 행정단위는 모두 500여 개나 되며, 이들을 묶어 군현제 영역이라 했다. 고려의 군현제도는 군현제와 부곡제 영역이 복합적으로 구성되어 있다. 군현제 영역은 중앙에서 파견된 지방관이 상주하여 행정을 펼친 주현主縣과 지방관 없이 주현의 행정 지배를 받은 속현屬縣으로 구성되었다. 주현과 속현은 지방관의 파견 여부가 아니라 중앙의 행정명령을 직접 전달받아 독자의 행정을 펼 수 있는 곳인가의 여부에 따라 결정된다. 부곡제 영역의 각 집단은 속현과 동일한 행정 지위에 있었다.

참고로 504개 군현 가운데 주현은 130개이고 속현은 374개다. 조선시대 330여 개의 개별 군현은 중앙정부와 직접 연결된 독자의 행정단위였다. 고려의 경우 그런 역할을 한 행정단위는 130개의 주현이었다. 1개 주현에 평균 3개 정도의 속현이 소속해 있다. 주현 가운데 속현을 거느린 곳은 57개에 불과하다. 나머지 73개 주현은 속현을 거느리지 않았는데, 대부분 국경지대나 연해 지역 등 군사상 요지에 위치하여 군사 방어의 임무를 지닌 행정단위였다. 방어군防禦郡, 진鎭 등이 대표적인 예다. 속현을 거느리고 독자의 행정을 펼친 주현에는 평균 6~7개 정도의 속현이 소속되어 있다. 이들 주현은 대부분 개경 이남의 5도 지역에 존재했다. 군현제 영역은 이 같이 주현과 속현의 이중구조다.

한편 920여 개의 부곡 집단은 1개 군현(주, 속현 포함)에 약 2개(평균 1.8개) 정도 소속되어 있다. 주현과 속현으로 구분해 보면, 주현에는 평균 3개, 속현에는 1~2개(평균 1.4개)의 부곡 집단이 소속되어 있다. 속현보다 주현에 약 2배 정도 더 많은 부곡 집단이 소속되어 있다. 부곡 집단이 거의 분포되어 있지 않은 양계와 왕경 지역을 제외한 5도 지역의 경우 부곡 집단은 주현에 6~7개(평균 6.6

개), 속현에 1~2개(1.5개) 정도가 분포되어 있다. 속현보다 주현에 4~54배 정도 더 많은 부곡 집단이 분포되어 있다.

고려왕조의 경우 평균 3개의 속현과 6~7개의 부곡 집단을 거느린 주현이 독자의 지방 행정단위가 되어 지방 행정을 펼쳤다. 이러한 주현은 130개로, 약 330개의 모든 군현이 독자의 행정을 펼친 조선에 비해, 훨씬 넓은 광역廣域의 행정단위다. 고려왕조는 이를 효과적으로 지배하기 위해 군현제와 부곡제 영역으로 나누고 각 영역에 대한 수취 방식이나 재정 정책을 차별적으로 운영했다. 이런 점에서 고려의 군현체제는 복합적이고 계서적階序的인 형태였다(박종기 2002).

또한 행정단위가 넓은 영역과 다양한 층위로 이루어져 있어, 조선시대와 같이 수령-향리체제로서는 지방 일선의 행정을 전담할 수 없었다. 이 같은 문제를 해결하기 위해 고려왕조는 수령 이외에 속관屬官을 중앙에서 파견하여 수령·판관·향리를 통해 지방 사회를 지배, 통제했다. 구체적으로 속관에는 판관判官·사록참군사司錄參軍事·장서기掌書記·법조法曹·의사醫師·문사文師 등이 있었다. 이들은 수령의 지휘 아래 향리를 통제하면서 지방 행정의 일선을 담당했다. 이러한 지배 방식을 속관제屬官制라 한다. 속관제는 원래 중국과 같이 지방 군현 중 영역이 넓은 곳을 지배하기 위해 고안된 제도로서, 중국에서는 이를 '좌리제佐吏制'라 했다(박종기 2002). 고려정부는 지방 사회를 주현과 속현의 군현제 영역과 향, 부곡, 소, 장, 처 등으로 구성된 부곡제 영역으로 묶는 한편 속관제를 통해 다양한 층위의 행정단위를 효과적으로 지배하고자 했다.

그렇다면 고려시기에 부곡제라는 독특한 영역이 군현체제의 일부로서 존재했던 원인은 무엇인가? 당시의 사회경제적 조건 때문이다. 고려 전기 사회는 지역 간 발전 수준에 상당한 격차가 있었다. 특히 개별 민호 사이에 경제적 격차가 커서 전체 민호를 일률적으로 지배할 수 없었다. 고려정부는 이러한 발전 격차를 인정하면서 각 지역을 군현제와 부곡제의 영역으로 묶고 별도의 대민 지배를 실시했다. 이를 본관제本貫制적 지배 방식이라 한다. 이같이 부곡제와 군현제 영역의 복합적·계서적인 고려 특유의 군현 지배체제는 지역 간·개별 민호 간 발전 수준의 격차에서 비롯했다. 이 점에서 부곡제는 국가 차원에서 조직된 사회적 분업 형태라 할 수 있다(채웅석 2000).

재정 운영 원칙과 수취 방식

고려왕조는 지역 간 발전 격차를 극복하기 위해 지방제도를 군현제와 부곡제로 편제하는 한편으로, 전국의 토지를 크게 국가세입지國家歲入地와 세입위임지歲入委任地로 구분하고, 그 아래에 각각 다양한 토지지목을 편제하여 재정을 운영했다. 또한 재정 운영 방식을 지방제도와 연결시켜, 해당 토지에 대한 경작과 수취를 각각 부곡제와 군현제 영역의 주민에게 전담하게 했다. 이를 '분할적 재정 운영'이라 한다.

먼저 국가세입지는 국가가 직접 조세를 거두어들이는 토지다. 조세가 국가에 바로 귀속되어서 국가세입지라 했다. 또한 국가가 직접 조세를 거둔 토지이기 때문에 공전公田이라 했다. 그 조세는 중앙의 좌창左倉과 우창右倉에 각각 수납되었다. 좌창에 수납된 조세는 관리들의 녹봉으로 지출된다. 우창에 수납된 조세는 사신 파견과 접대, 각종 행사, 궁궐과 성곽 수축, 중앙관청의 각종 비용 등 중앙정부가 직접 사용하는 경비로 지출된다. 이러한 지출 용도로 지정된 국가세입지, 즉 공전의 실체는 군현의 일반 백성들이 주로 경작한 민전民田이다. 물론 이 속에는 관리들의 개인 소유지도 포함되지만 일반 민의 소유지가 대부분이기 때문에 민전이라 한다. 국가세입지의 대표적인 토지지목인 민전은 일반 농민층에 의해 경작되었다. 그에 대한 수취는 군현제 영역의 주민인 군현인을 통해 이루어졌다. 따라서 국가세입지에 대한 관리와 수취는 군현제 영역에 대한 수취와 연결되었다.

다음 세입위임지는 중앙과 지방의 각 관청에 지급된 토지, 왕실 및 사원에 필요한 비용을 마련하기 위해 지급된 토지, 관리들에게 지급된 토지와 군인과 향리 등 각종 직역 부담자에게 지급된 토지다. 이들 토지에 대한 조세는 해당 기관과 개인(직역 부담자)이 직접 수취했다. 즉 조세를 거두는 권리인 수조권收租權이 각 기관이나 개인에게 귀속되어 있었다. 때문에 이를 사전私田이라 했다. 사전은 조세에 대한 수취권, 즉 수조권이 개인이나 기관에 위임되어 개인이나 기관(관청)이 직접 조세를 거두어들이는 토지이기 때문에 세입위임지라 했다.

사전의 대표적인 토지지목은 전시과 계열의 토지다. 이 속에는 관료들에게 지급된 양반전(혹은 과전), 공신들에게 지급된 양반공음전(혹은 공음전), 군인들에게 지급된 군인전, 향리들에게 지급된 향리전, 관청에 지급된 공해전이 있다. 그 외에 군사기관에 지급된 둔전, 향교·국자감 등 학교기관에 지급된 학전學田, 왕실과 사원에 지급된 장처전莊處田, 각종 교통기관에 지급된 진역전驛津田, 칼이나 종이 등을 제작하는 각종 수공업자에게 지급된 도위전刀位田, 지위전紙位田 등 각종 위전位田도 포함된다. 이러한 다양한 토지지목은 역을 지는 기관이나 사람에게 직접 지급, 이들이 직접 경작하거나 국가가 지정한 경작자를 통해 경작해서 나오는 조세수입으로 각종 비용을 충당하게 했다. 세입위임지는 이처럼 재정의 용도별, 사용처별로 각 관청이나 개인에게 재정 운영권을 위임해서 그들로 하여금 독자적으로 재정을 운영하게 했다. 고려시대 토지제도와 재정 운영의 중요한 특징은 바로 여기에서 찾을 수 있다. 고려 말 전제 개혁 당시 파악된 전국의 토지 50만결 가운데 약 60퍼센트의 토지가 국가가 직접 조세를 거두지 않고 관청이나 개인에게 조세 수취를 맡긴 세입위임지였다.

세입위임지 경작은 부곡제 영역의 주민이 주로 맡았다. 예를 들면 세입위임지 가운데 국가 직속지로서 관청에 지급된 공해전, 군사 비용으로 지급된 둔전, 학교기관에 지급된 학전 등은 향과 부곡인들이 경작했다. 한편 왕실과 사원에 지급된 장처전은 장과 처의 주민이 경작했다. 소의 주민은 이러한 토지 경작과 다른 역을 부담했다. 향과 부곡인을 비롯한 소와 장, 처 등 부곡제의 주민이 국가에 어떤 역을 부담했는가에 대해서는 다음 절에서 구체적으로 살펴보기로 하겠다. 이는 부곡 집단 주민이 고려왕조의 공민公民으로서 어떤 역사적 위상과 의무를 지니고 있는가를 고찰하는 일이 될 것이다.

향과 부곡 주민이 부담한 역

　향과 부곡인(이하 부곡인)이 공민으로서 어떤 의무를 지니고 있었는지를 살펴보기로 하겠다.

　1102년(숙종 7) 지금의 경주 지역인 동경 관내 군현, 향, 부곡 등 19곳이 가뭄으로 큰 피해를 입자, 해당 지역 주민 가운데 40퍼센트 이상 손실을 입은 이에게는 조租를, 60퍼센트 이상은 조租와 조調를, 70퍼센트 이상 손실을 입은 이에게는 과역課役을 모두 면제했다(《고려사》 권80, 식화3 재면지제災免之制조). 이에 따르면 향과 부곡의 주민은 군현의 주민과 같이 국가에 대해 조세를 부담하는 의무를 졌다. 그런 점에서 부곡인은 농업을 주업으로 생계를 유지한 군현의 주민과 다를 바 없는 공민이었다. 그럼에도 불구하고 부곡 지역에 거주하는 주민으로 별도의 호적에 파악된 것은 부곡인이 군현의 주민과 다른 특정의 역을 부담하는 의무를 짊어지고 있었기 때문이다. 이는 다음의 사실에서 확인할 수 있다.

지난 왕조[고려왕조] 5도 양계의 역자驛子, 진척津尺, 부곡인은 모두 태조 때 명을 거스른 자이기 때문에 모두 천역賤役을 부담하게 했다(《태조太祖 실록》 권1 태조太祖 원년元年 8월 기사己巳조).

위의 기록에 따르면 부곡인은 고려왕조 건국 과정에서 왕조에 저항한 역명자 집단이었다. 이런 사람들은 부곡뿐만 아니라 진과 역에도 소속되어 천역을 부담했다. 천역은 천민의 역이 아니라 상대적으로 고되고 힘든 역을 뜻한다. 즉 부곡인은 농업을 주업으로 생계를 유지하면서 군현인과 같이 조세와 역역의 의무뿐만 아니라 국가에 의해 부곡 지역에 소속되어 특정의 역을 추가적으로 부담해야 했던 예속성이 강한 존재였다.

부곡인이 추가적으로 부담한 역은 어떤 것일까? 다음의 기록이 참고가 된다.

현종 15년 춘정월 도병마사가 상소하기를, '서경기西京畿에 있는 하음 河陰부곡민 100여 호를 징발하여 가주嘉州 남쪽의 둔전소屯田所에 옮겨 전작佃作(전호)로 충당하겠습니다' 라고 했다(《고려사절요》 권3).

위 기록에 따르면 거란과 전쟁 중이던 현종 15년(1024) 하음부곡민 100여 호가 북계 안북도호부 관할의 가주(현재의 평안북도 박천군 가산면)에 있는 둔전을 경작하기 위해 동원되었다. 하음부곡의 위치는 알 수 없으나, 서경기에 있었던 것으로 보아 서경 지역의 부곡으로 판단된다. 즉 부곡인은 자신들의 의사와 관계없이 가주로 강제로 이주되어 둔전을 경작해야 했던 예속적인 존재였다. 또한 부곡인이 부담한 특정 역 가운데 하나가 둔전을 경작하는 일이었음을 알게 된다. 즉 부곡인은 평소 자기 거주지에서 농업에 종사하다가, 거란과의 전쟁과 같은 위급한 때 국가에 의해 강제적으로 국경지대에 동원되어 군사 비용 마련을 목적으로 둔전과 같은 특정지목의 토지를 경작하는 역을 부담했다.

다음의 경우도 그런 사실을 뒷받침한다. 〈고려식목형지안高麗式目形止案〉(1104~1109년 이전에 작성)에는 북계, 즉 서북 지역의 군액이 기록되어 있다(末松保和 1962). 이에 따르면 정규군 백정군과 함께 잡척雜尺으로 분류된 1,268명의 소정所丁, 624명의 진강정津江丁, 382명의 부곡정部曲丁과 1,585명의 역정驛丁 등 모두 3,859명이 소속되어 있다. 군현인과 구별되어 부곡, 소, 진, 역의 주민은 잡척으로 분류되어 있다. 이 가운데 진과 역의 주민은 서북 지역에 설치된 교통기관에서 역을 부담했을 것이나, 부곡정과 소정은 이 지역을 방어하는 정규군을 보조하기 위해 다른 지역에서 서북 지역으로 강제로 징발되어 특정의 역을 부담한 자들로 생각된다. 가주의 둔전 경작을 위해 동원된 하음부곡민과 같은 부류가 이 속에 포함되어 있을 것이다.

부곡인이 둔전 경작을 위해 국경 지역에 동원된 사실은 그들이 3세 외에 추가로 어떤 역을 부담했음을 알려준다. 둔전은 군사 유지에 필요한 비용을 조달하기 위해 국경지대나 군사 요충지에 주

〈고려식목형지안〉

부곡인은 자신의 의사와 상관없이 국경지대에 강제로 이주되었던 예속적 존재임을 알려주는 사료. 조선 문종 때 이선제의 상소문에 위의 자료가 인용되어 있다.

로 설치된 토지지목이다. 이 토지에서 나온 소출로 군사 유지 비용을 충당했던 것이다. 하음부곡인이 서북 국경 지역의 둔전 경작에 동원된 사실은 예외적인 사례가 아니라 당시 부곡인의 일반적인 모습으로 생각된다. 즉 고려시대 부곡인은 공권력에 의해 다른 지역으로 이주되어, 둔전과 같은 국가 직속지를 경작하는 역을 추가로 부담한 국가에 예속된 존재였다.

문종대에 여진족 등 해적의 침입에 대비하여 동해에서 남해에 이르는 연해 지역에 성보城堡와 농장이 설치된다(《고려사》 권82 병

3장_부곡인의 삶과 존재 형태 · 97

兵2 성보城堡 문종 즉위년조). 농장은 둔전과 같은 성격의 토지이며, 성보는 농장을 보호하고 외적의 침입을 막기 위해 만들어졌다. 이러한 성보와 농장은 연해 지역뿐만 아니라 북계와 동계 등 외적이 접근할 수 있는 곳은 어느 곳이든 설치되었다. 농장은 국가 주도 하에 개간되어 경영되었다는 점에서 국가 직속지다. 또한 군수 비용을 마련하기 위해 경작된 토지라는 점에서 둔전과 같은 성격의 토지다. 농장과 둔전이 비록 서로 다른 기능과 역할이 있더라도 소유의 차원에서 국가 직속지라는 점은 동일하다.

 그렇다면 이러한 농장의 경작자는 누구였을까? 현지 주민이나 군인들도 경작에 동원되긴 했지만, 외적의 침입이 잦은 군사지대라 거주 주민이 많지 않고 군인을 동원하는 일도 쉽지 않은 일이었다. 따라서 농장 경작자는 다른 지역의 주민을 징발해서 충당할 수밖에 없었다. 하음부곡민이 둔전 경작자로 징발된 사실로 미루어 보아 성보 유지와 농장 경작에도 부곡인이 경작자로 징발되었을 가능성이 매우 컸다.

 1078년(문종 32) 동로東路 해적, 즉 동여진이 침입하자 고려왕조는 해변에 있던 팔조음八助音부곡성과 주민을 내륙 지역으로 이주하기로 결정했다《고려사》권9 문종文宗 32년 9월조). 팔조음부곡은 동해안에 인접한 경주 소속의 부곡이고 팔조음부곡성은 해적의 침입을 막기 위해 연해 지역에 설치한 성보의 일부다. 성보와 함께 농장도 설치되어 팔조음부곡의 주민이 그 농장을 경작하는 역을 짊어졌을 것이다.

동여진의 해적이 경주 소속의 파잠波潛부곡을 공격하여 주민을 사로잡자, 원흥진 소속 장수들이 전함으로 해적을 쫓아 격퇴한 기록(《고려사》 권9 문종 27년 6월조)도 있다. 파잠부곡의 주민 또한 연해 지역에 설치된 농장 경작자였는데, 적의 침입을 받았던 것이다. 즉 경주 소속 두 부곡의 주민은 해적의 침입을 막기 위해 문종 시기 연해 지역에 대대적으로 성보와 축성과 농장을 설치한 고려 정부의 시책에 따라 농장 경작의 역을 부담한 것으로 판단된다. 참고로 이때 설치된 농장은 군사 비용을 조달하기 위해 설치된 토지라는 점에서 둔전과 성격이 같다. 또한 농장과 둔전은 국가가 소유한 국가 직속지라는 점에서 동일하다. 따라서 부곡인은 국가 직속지를 경작하는 역을 추가로 부담했다.

  여기서 한걸음 더 나가보자. 고려시기 국가 직속지는 농장과 둔전 외에 어떤 토지가 있었을까? 둔전은 국가 직속지 가운데 군사 기관의 비용을 충당하기 위해 설정된 토지지목이다. 둔전 가운데 지방 군현 관아의 비용을 마련하기 위해 설정된 주현둔전도 존재했다. 이외에 관아의 경비를 마련하기 위해 지급된 토지로 공해전이 있다. 공해전은 지방관청뿐만 아니라 중앙관청에도 지급된 전시과 토지의 일부다. 전시과 토지는 관료에게 지급된 이른바 양반과전과 중앙과 지방의 관청 등 여러 기관에 지급된 공해전 등 크게 두 계열의 토지로 구성되어 있다. 교육기관의 비용을 마련하기 위해 지급된 학전學田도 공해전의 범주에 포함된다.

  고려시대 토지지목에 관한 연구에 따르면, 고려의 토지는 크게

1과科 공전(왕실어료지王室御料地), 2과科 공전(공해전, 둔전, 학전), 3과科 공전(민전民田)의 세 계열로 구성되어 있다(강진철 1980; 旗田巍 1972). 공해전, 둔전, 학전 등의 국가 직속지는 2과 공전에 속한다. 2과 공전은 크게 보면 각 관청과 기관에 조세 수취가 위임된 세입 위임지다. 앞에서 지적했듯이, 이 토지에 대한 경작은 부곡인이 담당했다.

  부곡인은 농업을 주업으로 하면서 국가에 3세를 부담한 점에서 군현인과 다를 바 없다. 그러나 부곡인은 왕조 건국 과정에서 왕조의 명령을 거역한 역명자 집단이었다. 이 때문에 국가에 의해 별도의 적으로 편제되어 둔전, 공해전과 같은 국가 직속지 계열의 토지를 경작하는 역을 추가적으로 부담했다. 역명자 집단을 부곡인으로 편제하여 부과한 천역의 구체적인 내용은 바로 이것이었다.

소 주민의 역과 소 생산체제

소 주민이 부담한 역을 고찰하기 위해 먼저 〈등신장조〉에서 소와 관련된 자료를 다시 인용하기로 한다.

> 고려 때 또한 소라고 불리는 곳이 있다. 금소, 은소, 동소, 철소, 사소絲所, 주소紬所, 지소紙所, 와소瓦所, 탄소炭所, 염소鹽所, 묵소墨所, 곽소藿所, 자기소瓷器所, 어량소魚梁所, 강소薑所로 구분되었으며, 해당 생산물을 공납했다 …… 이상의 여러 단위에는 모두 토착 향리와 백성이 있었다.

소는 고려 때 만들어졌는데, 금, 은, 동, 철 등의 광산물, 소금[鹽], 미역[藿], 생선[漁], 생강[薑], 직물[絲·紬], 땔감[炭], 생선[魚梁] 등의 농수산물, 자기, 칠기[漆], 종이[紙], 기와[瓦], 먹[墨] 등의 수공업 제품을 전문적으로 생산한 곳이다.

위 기록을 통해 몇 가지 사실을 확인할 수 있다. 먼저, 당시에는 교통로나 운반수단이 발달하지 않아 생산원료를 생산이 편리한 곳으로 손쉽게 운반할 수 없었다. 소는 이 같은 문제를 해결하기 위해 해당 물품의 원료가 생산되는 현지에 설치되어, 제품의 생산과 수취를 전담한 특수 행정구역이다. 다음으로, 소에는 토성이민, 즉 그곳에 쭉 살았던 토착민 향리와 주민이 있었다. 토착 향리인 소리所吏는 소속 군현 수령의 감독 아래 물품의 채취와 생산을 지휘했다. 이외에도 소에는 해당 물품을 전문적으로 생산하는 기술자인 장인匠人과 원재료의 채취와 생산을 위한 각종 잡역에 동원되는 소민所民이 있었다.

그렇다면 소 주민의 역할은 무엇일까? 다음은 고려 중기 문인 이인로李仁老가 맹성孟城의 수령으로 있을 때 담당했던 먹의 생산 과정을 묘사한 기록이다.

> 내가 맹성의 지방관으로 나가서 도독부의 명령을 받들어 왕실용 먹 5천 개를 만들어 봄에 먼저 납부해야 하므로 역마를 타고 공암촌孔嚴村에 가서 백성들을 시켜 소나무 그을음 백곡百斛을 채취하게 하고 훌륭한 기술자를 모아 몸소 역을 독려하여 두 달 만에 끝났다《파한집破閑集》권상卷上).

공암촌은 먹의 원재료인 소나무 그을음[송연松烟]을 만들 소나무가 풍부하여 먹을 생산하기에 좋은 자연조건을 갖춘 촌락으로서, 실제 먹소墨所의 역할을 한 곳이다(北村秀人 1969, 43). 소는 공암촌처럼 해당 물품의 원재료를 쉽게 구할 수 있는 자연조건을 갖추어야 한다. 이인로는 이곳에서 백성들을 부려 소나무 그을음을 채취하고, 훌륭한 기술자[양공良工]를 시켜 먹 생산 과정을 독려하고 감독했다. 또한 먹소인 공암촌에는 먹 생산에 필요한 각종 역을 진 소민과 소의 생산과 수취 행정을 전담한 소리가 있었을 것이다.

기록에 따르면 중앙에 납부할 5,000개의 먹을 생산하는 데 2개월이 걸렸다고 한다. 그렇다면 소의 주민은 나머지 기간은 어떻게 생활했을까? 소의 주민 역시 군현과 부곡의 주민처럼 공역公役을 부담했다. 1100년(숙종 5) 2월 주, 부, 군, 현, 부곡 및 여러 소가 국가에 부담할 세포稅布의 절반을 감면받았다는 기록(《고려사》 권80 식화3 진휼賑恤 은면지제恩免之制 숙종 5년 2월조)이 구체적인 예다. 여기서 세포는 가호당 부과되는 특산물로, 조調의 일종이다. 이로 미루어 보아 소의 주민도 군현 및 부곡인과 같이 국가에 3세를 부담했으며, 그들의 주업이 농업이었음을 알 수 있다. 2개월간 먹 생산에 동원된 공암촌의 주민들은 나머지 기간에는 토지 경작 등 농업활동을 했을 것이다. 소의 주민이 군현인과 마찬가지로 3세의 하나인 세포를 부담한 것은 바로 그 때문이다. 이같이 소의 주민은 농업 생산을 중요한 생계수단으로 삼았다. 다음의 기록 또한 이러한 추정을 뒷받침한다.

영주永州의 이지은소利旨銀所는 과거에는 현이었다. 중간에 이 고을 사람들이 나라의 명령[국명國命]을 위반하여, 현이 없어지고 은을 세금으로 내는 은소의 주민으로 편적된 지 오래되었다(《졸고천백拙藁千百》 권2 영주이지은소승위현비永州利旨銀所陞爲縣碑).

이지은소가 되기 전의 현일 때 그곳 주민은 군현인으로서 농업 생산에 종사했을 것이다. 소의 주민이 되었다 해서 이전의 농업 생산을 포기하지는 않았을 것이다. 국명을 위반했기 때문에 강제로 소에 편성되어 은을 생산하는 역을 추가적으로 부담했을 뿐이다. 이지은소가 현으로 승격되면 그 주민은 은을 생산하는 특정의 역에서 벗어나게 된다.

요컨대 소의 주민은 반국가적인 행위 때문에 강제적으로 편성되어 일정 기간 특정의 역에 동원되었으며(공암촌의 경우 2개월간의 요역), 나머지 기간은 대부분 본래의 생업인 농업 생산에 주력했다. 역 자체가 고역이고 부담이 컸기 때문에 그 주민들은 사회경제적으로 천시를 받았다. 이 점에서 소의 주민은 부곡인과 같은 처지였다. 향, 부곡, 소의 주민을 '잡척층'으로 묶어 부곡제 영역에 속하게 한 것은 이 같은 이유 때문이다.

소는 고려시기 수공업 제품을 전문적으로 생산했을 뿐만 아니라 수공업 기술 수준을 크게 향상시켰다. 수공업 제품 가운데 수요가 가장 많은 종이의 경우 소에서 생산된 것으로는 전체의 수요를 감당할 수 없을 정도였다. 예를 들면 동아시아 세계에서 호평을 받은 고려지高麗紙처럼 고도의 기술 수준을 보여주는 질 좋은 종이는 지소紙所에서 생산되었다. 그러나 각 관청의 일반 용지, 사찰과 민간에서 소비되는 종이는 사원이나 가내수공업 형태의 민간수공업에서 생산 공급되었다(박종기 2011).

고려의 수공업제품 가운데 중국인의 호평을 받은 물품으로는 종이 외에도 자기, 나전칠기, 칼, 먹 등이 있었다. 《고려도경》에 따르면, 당시 중국인들은 "도기의 빛깔이 푸른 것을 고려인은 비색翡色이라고 하는데, 근년에 만드는 솜씨가 좋고 빛깔도 더욱 좋아졌다. 술그릇의 형상은 오이 같은데 위에 작은 뚜껑이 있는 것이 연꽃에 엎드린 오리의 형태를 하고 있다"면서 고려청자의 아름다움을 극찬했다. 청자의 상감기법은 나전칠기의 금입사金入絲, 은입사銀入絲 기법에서 유래된 것인데, 나전칠기 역시 칠소漆所에서 제작되었다. 한편 원나라는 고려에 사신을 보내 충주에서 생산되는 칼을 공물로 여러 차례 요구했는데, 칼 역시 철소에서 제작된 것이다. 《고려도경》(권23 토산조土山條)에서 '송연묵松烟墨은 맹주猛州(맹성孟城, 맹猛은 맹孟의 오기誤記)산産을 귀하게 여긴다[松烟墨 貴猛州者]'라고 할 정도로, 송연묵은 이인로가 지방관으로 있었던 맹성에서 생산한 것이 가장 우수한 품질을 자랑했다. 또한 송연묵은 종이와 함께 문방사우의 하나로서 당시 중국에서 크게 호평을 받은 수공업제품이다(池田溫 1989, 197).

이같이 고려의 높은 기술 수준을 보여주는 수공업제품은 모두 소에서 생산되었다. 소 생산체제라는 사회적 생산 시스템이 문벌귀족층의 기호와 국가의 요구에 부응하는 높은 수준의 제품을 만든 토대가 되었던 것이다. 그러한 체제는 제품을 선호한 향유자와

고려시대 먹인 단산오옥명 먹(좌)과 《고려도경》의 토산조 사료(우)

청주 명암동 고려무덤에서 출토된 단산오옥명 먹은 무덤에서 최초로 발견된 고려시대 먹이다. 아래 부분이 갈려 있고, 먹 집게로 집은 흔적이 있어 실제 사용하던 것을 무덤에 넣었음을 알 수 있다. 이 먹은 1250년 이전에 만들어져 사용된 것으로 짐작되며 특히 앞면에 있는 '단산오옥'이라는 글자는 '단양 먹'이라는 뜻으로 '오'는 검다는 뜻이며 '오옥' 또는 '오옥결'과 함께 먹의 다른 이름으로 사용되어왔다. 조선 성종 때 편찬된 《동국여지승람》에는 단양의 토산품 중에 먹이 유명한데 이 가운데 '가장 좋은 먹이 단산오옥이다'라는 기록이 있다.

그것을 생산하는 전문기술자인 장인층을 이어주는 매개고리의 역할을 했다. 문화의 향유자와 생산자의 분리는 고도의 예술성과 질 높은 문화의 생산을 가능하게 했다. 여기에 향유자와 생산자를 연결시켜주는 사회적 제도가 덧붙여졌다. 바로 소 생산체제다. 이는 소 생산체제의 또 다른 역사적 의의가 된다.

 우리 역사에서 높은 수준의 문화가 발달한 시기는 진골귀족층과 문벌귀족층이 각각 지배세력으로 존재했던 통일신라기와 고려시기인 점에 주목할 필요가 있다. 통일신라기도 고려의 소 제도와 같은 수공업제품을 전문적으로 생산하는 성成 제도가 있었다(金哲埈 1978). 두 시기에 귀족층의 취향에 걸맞은 화려하고 때로는 사치스러울 정도로 높은 수준의 문화가 만들어진 것은 소와 성成 제도와 같은 사회적 생산 시스템 덕분이었다.

장과 처 주민이 부담한 역

1388년(창왕 즉위년) 6월 조인옥趙仁沃은 전제田制 개혁 상소문에서 조종분전지제祖宗分田之制, 즉 국가적인 토지 분급 제도를 적전籍田(천지天地 종묘宗廟 제사용), 장처전(공상용供上用), 전시구분전田柴口分田(사대부용), 외역전外役田(향리 등 국역자용), 군전軍田(군사용)의 5개 토지지목으로 정리했다(《고려사》 권78 식화1 녹과전조). 국가적인 토지 분급제 속에 장처전이 포함되어 있었던 것이다. 거기에서 나오는 소출은 왕실 등에서 쓰이는 공상용으로 지출되었다고 한다.

한편 이때 함께 올린 조준趙浚의 전제 개혁 상소문에 따르면 전체 50만결 토지 가운데 13만결이 공상용으로 지정되어 있다. 그 속에는 우창에 10만결, 사고四庫에 3만결이 각각 책정되어 있는데, 앞에서 조인옥이 공상용으로 책정한 장처전은 위의 13만결 속에 포함되어 있을 것이다. 우창 소속의 10만결은 앞 장에서 설명했듯이 일반 농민들이 소유한 민전 위에 설정되어 있다. 거기에서 나온 조세는 사신 접대 및 연회, 각종 제사 및 공사, 진휼 및 국가 운영에 필요한 용도로 지출된다. 따라서 장처전은 우창이 아니라 사고에 소속된 3만결의 토지와 연결된다. 장처전은 장과 처에 소속된 토지다. 다시 〈등신장조〉 기록에서 장과 처에 관한 기록에 따르면,

> 또한 (고려 때) 장과 처로 불리는 곳이 있는데, 각각 궁원 사원 및 내장택內莊宅에 소속되어 세를 바쳤다.

고 한다. 장과 처는 왕실과 사원에 조세를 바쳤다. 다음 기록도 이를 알려준다. 1388년(창왕 즉위년) 6월 창왕은 "요물고料物庫에 소속된 360개의 장처전 가운데 그 이전에 사원에 시납된 것은 모두 환수하여 다시 요물고에 속하게 하라"라고 했다(《고려사》 권78 식화1 녹과전조). 당시 전제 개혁을 시작하면서 요물고 소속 장처전 가운데 사원에 탈점된 장처전을 다시 환수하는 조치를 취했는데, 사원이 많은 장처전을 탈점한 사실을 알 수 있다. 이는 〈등신장조〉의 기록에서 보듯 장과 처가 사원에 조세를 납부했기 때문이다.

한편 장처전을 관장한 기구, 즉 장과 처에서 수취된 조세를 관장한 관청에 대해 살펴보기로 하겠다. 앞에서 공상용으로 설정된 장처전은 사고에 소속된 3만결의 토지와 연결되어 있으며, 360개의 장처전이 요물고에 소속되어 있음을 확인한 바 있다. 요물고와 함께 사고 역시 장처전과 일정한 관련이 있는 것으로 판단된다. 사고는 공상용으로 지정된 3만결을 관장했는데, 창고의 고유한 이름

이 아니라 4개의 창고라는 뜻으로 생각된다. 그리고 요물고는 사고의 일부로 보인다. 그러나 현재의 기록만으로 사고의 실체는 알 수 없다. 한편 장처전이 고려 말에 요물고에 소속된 것으로 보아, 요물고가 사고 가운데 장처전의 관리와 조세 수취에 중심적인 역할을 했던 것으로 여겨진다.

다음은 장과 처, 거기에 속한 장처전에 대해 구체적으로 살펴보기로 하겠다.

1. 추7월 기묘일 중서문하성이 상소를 올리기를, "궁원은 선왕께서 전민田民(토지와 백성)을 특별히 지급해서 (왕실의) 자손들이 영원히 부족함이 없도록 하기 위한 것입니다. 지금 왕실 자손이 번성하여 궁원에 토지를 지급하기가 부족할까 염려됩니다. 그런데도 궁원의 전시를 사원에 속하게 했습니다. 불법을 중하게 여기는 일은 아름다우나, 국가의 근본을 잊을 수는 없습니다"라고 했다 …… 국왕이 제를 내리기를, "이미 사원에 시납한 전시는 다시 환수할 수 없으니, 시납한 토지는 그 액수만큼의 공전을 궁원에 지급하고 나머지는 요청한 대로 들어주게 하라"라고 했다(《고려사》 권8 문종 12년조).

2. 하4월 경오일 제를 내리기를, "대운사大雲寺는 선왕께서 창건하여 나라의 복을 내리고자 했다. 그런데 지급한 공전이 척박하여 세입이 적어, 재를 올리는 비용이 부족하니 좋은 토지 100결을 더 지급하라"라고 했다(《고려사》 권8 문종 18년조).

위의 기록은 궁원과 사원에 지급된 토지인 장처전의 실체를 구체적으로 알려주는 자료다. 〈등신장조〉에서 장과 처는 왕실과 사원에 조세를 바쳤다고 기록되어 있는데, 그러한 조세를 바치기 위해 경작된 토지가 바로 장처전이다. 즉 장처전은 왕실의 경우 왕실 자손들이 생활에 불편함이 없게 하기 위해(〈자료 1〉), 사원의 경우 나라의 복을 빌기 위한 제사를 지내는 비용을 마련하기 위해 지급되었다(〈자료 2〉).

한편 〈자료 1〉에 따르면 1058년 경창원景昌院에 소속된 토지(장처전)를 당시 창건된 흥왕사에 시납하여 장처전이 부족해지자 국왕은 경창원에 공전을 더 지급하게 했다. 이를 통해 장처전은 공전, 즉 민전 위에 설정되었으며 그 조세를 궁원으로 납부하게 했음을 알 수 있다. 한편 〈자료 2〉를 통해서는 대운사에 지급된 장처전이 공전의 일부였음을 알 수 있다. 〈자료 2〉에 따르면 지급된 공전이 척박하여 세입, 즉 거둬들인 조세가 부족해져서 100결을 추가로 지급했다. 공전은 조세가 국가에 귀속되는 민전을 말한다. 〈자료 1〉과 마찬가지로 사원에 지급된 장처전 역시 민전 위에 설정되어, 그 조세가 사원에 귀속된 토지임을 알 수 있다.

다른 연구에 따르면 장처전은 일반 민전과 같으며, 다만 그 조세가 어디에 납부되는가에 따라 차이가 있었다. 장처전은 왕실과 사원에, 민전은 국가에 각각 그 조세가 귀속되는 점이 달랐다는 것이다(강진철 1981; 안병우 1984). 다음의 사례가 그를 뒷받침한다.

현종 13년(1022) 2월 국왕 현종은 부친(안종 욱)이 유배되어 어린 시절을 보낸 사주泗州(지금의 경남 사천) 지방 궁원의 부족한 재정을 채우기 위해 군현(사주)의 민전을 궁원에 소속시켜 (민전의) 조세를 궁원에 납부하게 했다(《고려사》 권78 식화1 경리經理조). 궁원에 소속된 민전은 결국 장처전이 되어, 그 조세를 궁원에 납부했다. 그러나 군현은 여전히 같은 양의 조세를 거두어 백성들이 크게 고통을 받았다. 현종은 그 부담을 줄이기 위해 장처전으로 편입된 토지결수만큼 공전으로 보충해주었다.

이와 같이 장처전과 민전은 소유의 측면에서 각각 군현과 장, 처 주민의 소유지라는 점에서 차이가 없다. 물론 조의 귀속처가 각각 국가(민전)와 왕실 및 사원(장처전)인 점에 차이가 있긴 했지만, 장처전이 왕실과 사원을 재정적으로 지원하기 위한 국가 재정 정책의 일부로서 운영된 점에서 둘 다 공전의 일부였다. 이에 따라 장과 처의 주민은 원칙적으로 그들이 경작하는 토지만 장처전으로 지정되어 그 조세만 궁원과 사원에 납부하고, 나머지 역역과 공물은 국가에 부담했다. 충렬왕 때 처의 토지 경작자를 처간處干이라 했는데, 조세는 그 주인(궁원과 사원)에게 바치고, 용庸(역역力役)과 조調(공물)는 관청에 바치는 전호라 한 사실(《고려사》 권28 충렬왕忠烈王 4년 7월조)에서 이를 확인할 수 있다.

4장
부곡인의 신분과 양천제 이론

연구노트 4 _1980년대 국내의 부곡 연구

저자가 석사논문을 쓰던 1970년대 후반 국내의 부곡 연구는 김용덕 교수의 〈향소부곡고〉(1954), 하타다 교수의 〈고려시대의 천민제도 '부곡'에 대하여〉(1951)와 이우성 교수의 〈고려 말 나주목 거평 부곡에 대하여〉(1967) 논문 정도가 연구자의 주목을 받은 대표적인 성과였다. 하타다와 김용덕 교수의 논문은 부곡 집단은 천민 집단으로서 고려시기에 주로 존재했다는 내용이다. 반면에 이우성 교수는 처음으로 양인설을 제기했다. 이후 김용덕 교수는 〈부곡인의 신분과 규모〉(1981)라는 논문에서 자신의 천인설을 폐기하고 양인설을 제기했다(위 논문의 전거는 이 책의 부록 〈참고문헌〉을 참고할 것). 이처럼 1980년대 초반까지 부곡 연구는 부곡인의 신분을 둘러싸고 천인설과 양인설의 상반된 입장이 제기되었다. 그것이 부곡 연구의 전부인 양 여겨질 정도였다.

저자의 석사학위논문 〈고려시대 향·부곡의 변질과정―중앙집

권화 과정과 관련하여〉(1981)을 지금 다시 읽어보면, 저자 또한 당시의 그러한 연구 경향과 분위기에서 자유롭지 못했다. 논문의 요지는 부곡 집단은 고려 사회에 주로 존재했으며, 현종대에(1010~31) 중앙정부가 본격적으로 지방관을 파견하여 지방 사회를 직접 장악하기 시작하면서 점차 변화의 과정을 밟는다는 것이었다. 그리고 그러한 변화에 따라 부곡인의 신분도 천인에서 양인 신분으로 변질되었다고 했다.

 그러나 지금 보면 이 논지는 적지 않은 문제점을 지니고 있다. 신분의 변화 내지 변질은 일반 제도나 사건과 같이 쉽게 이루어지지 않는다. 신분은 법과 제도에 의해 규정된 국가 지배질서의 일부로서, 법과 제도의 변화에 따른 새로운 신분 규정이 만들어지지 않는 한 변화나 변질을 함부로 논하기 어려운 것이다. 예를 들면 갑오개혁으로 노비제가 폐지되거나, 중국 당 제국이 천하를 통일한 후 새로운 율령을 만들어 남북조시기의 예속민 집단인 부곡을 사천민으로 법제화한 경우에는 신분의 변화와 변질을 얘기할 수 있다. 그러나 고려시기에는 이처럼 신분의 변화와 변질을 가져온 법과 제도가 제정된 적이 없다. 저자가 석사학위논문에서 제기한 부곡인의 신분 변질설은 천인설이라는 기존의 견고한 울타리를 뛰어넘지 못한 상태에서 새롭게 제기된 양인설에도 귀를 기울인, 주관 없는 저자의 어정쩡한 학문적 자세에서 나온 것이다. 부곡민의 신분이 천인에서 양인으로 변질된다는 저자의 석사학위논문은 매우 부족하고 부끄러운 결론을 내린 셈이었다.

저자는 1988년 박사학위논문을 제출할 때까지 부곡 집단과 촌락, 부곡인의 수취 문제에 관한 일련의 논문을 발표하면서 부곡인의 신분은 양인이라는 사실을 확인할 수 있었다. 그러나 박사학위논문 제출 당시 저자가 제기한 양인설은 그동안 천인설의 결정적인 근거로 간주된 《고려사》의 부곡인에 관한 신분 규제 기사를 비판하는 수준이었다. 양천제良賤制 이론에 입각하여 양인설을 본격적으로 검토하기 시작한 것은 박사학위논문을 제출한 후였다. 먼저 부곡인에 대한 신분 규제 기사에 대한 비판과 재해석에 대해 언급하기로 하겠다.

신분 규제 기록에 대한 재검토

그동안 부곡인에 대한 다음의 각종 규제 기록들은 천인설의 유력한 근거로 여겨져왔다. 이에 대해 다시 검토하기로 하겠다.

소생자녀의 귀속 규정

이 규정은 부곡인이 군현인과 잡척인 등 다른 계층과 혼인해서 낳은 자식을 어느 계층에 귀속시킬 것인가 하는 것이다. 구체적인 내용은 다음과 같다.

군현인과 진, 역, 부곡인이 서로 결혼하여 낳은 자식들은 모두 진, 역, 부곡인에게 속한다. 진, 역, 부곡인과 잡척인雜尺人이 결혼하여 낳은 자식들은 절반씩 나누되, 남은 자는 어머니 쪽에 속한다(《고려사》 권84 형법1 호혼조戶婚條).

위의 규정에 따르면 부곡인이 군현인과 혼인 후 낳은 자식은 모두 부곡인이 되고, 부곡인이 잡척인과 혼인 후 낳은 자식은 각각 반으로 나누고, 나머지는 어머니 쪽에 속하게 했다.

그런데 천인설은 위의 소생자녀 귀속 규정이 노비의 그것과 같다는 사실에 주목했다. 즉 부모 가운데 한 사람이 천인이면 소생자녀는 모두 천인이 된다는 규정(《고려사》 권85 형법2 노비, 충렬왕忠烈王 26년 10월조)과 노비 사이에 낳은 자식은 어머니, 즉 비婢에게 소유권이 있다는 규정(《고려사》 권85 형법2 노비, 정종靖宗 5년조)이 부곡인 소생자녀의 귀속 규정에도 적용되고 있다고 하면서, 부곡인 또한 노비와 같은 천민이라는 것이다(임건상 1963, 38~42).

참고로 노비의 경우 양인과 혼인하면 처벌을 받는 등 노비와 양인 사이의 혼인은 법적으로 금지되어 있었다(《고려사》 권85 형법2 노비조 참고). 그럼에도 불구하고 위의 규정에 따르면 부곡인이 군현인과 혼인하는 데 법적으로 아무런 문제가 없다는 사실을 확인할 수 있다. 그것을 전제로 소생자녀에 대한 귀속을 규정하고 있다. 그런데도 천인설은 이 사실에 대해 애써 눈을 감고, 귀속 규정의 결과가 노비의 그것과 같다는 사실에만 주목하여 부곡인은 노비와 동일한 신분이라 주장했다.

왜 부곡인이 각각 군현인과 잡척층과 혼인하여 낳은 자식에 대해 위와 같은 규정을 만들었을까? 신분을 구분하기 위해? 부곡인이 천인이라는 사실을 밝히기 위해? 아니다. 규정이 만들어진 취지는 국가 유지에 필요한 특정한 역을 부담한 진역의 주민과 부곡인 등을 확보하기 위해서였다.

승려가 될 수 없는 규정

부곡인은 승려가 될 수 없다는 다음의 규정 역시 앞의 규정과 같은 취지로 제정된 것이다.

> 향·부곡·진역·양계주진兩界州鎭에 호적이 편성된 사람은 승려가 되는 것을 금한다(《고려사》 권85 형법刑法2 금령조禁令條).

천인설에 따르면 노비는 승려가 될 수 없다는 규정(《고려사》 권85 형법2 금령禁令조)에 근거하여 승려가 될 수 없는 부곡인도 결국 노비와 같은 천민이라 했다(임건상 1963, 34). 그런데 위의 규정에는 승려가 될 수 없는 대상자에 향, 부곡인은 물론 국경지대인 양계의 주진에 거주하는 주민도 포함되어 있다. 부곡인이 노비라면 양계 지역의 주민도 노비라는 결론에 이르게 된다. 한편 다른 기록에는 향리도 승려가 될 수 없으며, 일반인도 승려가 되기 위해 국가의 허락을 받아야 했다고 되어 있다(《고려사》 권85 형법2 금령禁令조). 이들이 천민일리 없다. 그렇다면 양계의 주민과 향리도 승려가 될 수 없는 사실은 어떻게 해석해야 할까?

 이처럼 고려의 경우 모든 계층이 함부로 승려가 될 수 없으며, 최소한 국가의 허락을 받아야 했다. 왜 이러한 규정을 만들었을까? 조세와 역역을 부담하지 않는 승려의 증가는 국가 재정의 감소와 직결된다. 따라서 위의 규정은 양인과 천인 신분을 구별하기 위해서가 아니라, 진역 부곡인과 양계 지역 주민의 이탈을 막아 국가가 필요로 하는 역 부담층을 확보하려는 목적에서 제정된 것이다. 천인설은 이같이 부곡인을 천민으로 미리 규정하고, 거기에 맞춰 위의 규정을 무리하게 해석했던 것이다. 따라서 위의 규정은 부곡인 천인설의 근거가 될 수 없다.

간행奸行 규정

구체적인 내용은 다음과 같다.

> 부곡인과 노비가 주인 및 주인의 주친周親(1년 복복을 입는 친족)과 웃어른(존장尊長)을 간음할 경우, 서로 뜻이 맞아 간음한 경우(화간和姦), 목을 매어 죽이고[絞] 강제로 간음한 경우(강간强姦) 목을 베어 죽인다[斬]. 화간한 부녀는 1등을 감한다. 주인의 시마친緦麻親(3개월 복복을 입는 친족) 이상의 친척을 간음할 경우, 1등을 감한다(《고려사》 권64 형법1 간비조奸非條).

천인설은 부곡인이 주인과 주인의 친척을 간음할 경우 노비와 동일한 형벌을 받은 사실에 주목하여, 위의 규정은 부곡인이 노비와 동일한 천인 신분임을 보여주는 것이라 했다(임건상 1963, 53~54).

참고로 위 규정은 중국의 당률唐律에서 따온 것이다. 당률에는 '부곡과 노'(부곡급노部曲及奴)라고 기록했으나, 그것을 '부곡인과 노'(부곡인급노部曲人及奴)로 고쳤을 뿐 나머지 내용은 당률과 같다. 중국의 '부곡部曲'은 노비와 같이 개인에게 예속된 사천민이다. 그러나 고려의 '부곡'은 부곡인이 거주하는 특수 행정구역이다. 또한 중국과 달리 부곡인에게는 주인이 없다. 《고려사》 찬자는 당률을 고려에 적용시키기 위해 당률의 '부곡'을 '부곡인'으로만 고쳤고, 그 결과 고려의 부곡인이 마치 주인 개인에게 예속된 존재로 오해하게 만들었다. 이 규정은 당률을 준용하여 노비의 간음 행위에만 적용하기 위해 만든 것이다. 따라서 이를 근거로 부곡인을 노비와 동일 신분으로 볼 수는 없다(武田幸男 1971; 김용덕 1980).

과거 응시와 국학 입학 금지 규정

구체적인 내용은 다음과 같다.

1. (정종靖宗) 11년(1045) 4월 판위判하기를 "'오역五逆 오천五賤 불충불효

(의 죄를 범한) 향, 부곡, 악공 잡류雜類의 자손'은 과거에 응시할 수 없다"(《고려사》 권74 선거選舉2 학교조學校條).

2. 인종조에 식목도감式目都監이 학식學式(학교에 관한 법령)을 자세히 정했다 …… "무릇 잡로雜路 및 공장, 상업, 음악 등 천한 일에 종사한 자, 대소공친大小功親과 혼인을 한 자, 가도家道가 바르지 못한 자, 악역惡逆의 죄를 지어 귀향형에 처해 있는 자, '천한 향과 부곡인의 자손'과 사사로운 죄를 범한 자는 학교에 입학할 수 없다"(《고려사》 권74 선거2 학교조).

  천인설은 〈자료 1〉에 대해 '오역 오천 불충불효한 자'와 '향, 부곡, 악공 잡류의 자손'은 과거 응시가 금지되었다고 했다. 그러나 위의 본문과 같이 '오역 오천……'은 '향, 부곡, 악공……'을 수식하는 구절로 해석도 무방하다. 또한 천인설은 〈자료 2〉를 근거로 향, 부곡인과 그 자손들은 국학 입학이 금지되었다고 한다(임건상 1963, 30~32; 旗田巍 1972, 67~68). 그러나 국학國學 입학이 금지된 대상은 향, 부곡인과 그 자손 모두가 아니라, 〈자료 2〉의 본문과 같이 '천한 향, 부곡인과 그 자손'[천향부곡인등자손賤鄉部曲人等子孫]인 사실에 주목할 필요가 있다. '천한 향과 부곡인'은 구체적으로 〈자료 1〉에서 '오역 오천 불충불효의 죄를 범한' 향, 부곡인과 그 자손이다. 즉 과거 응시가 금지된 자는 '오역 오천 불충불효(의 죄를 범한) 향, 부곡인과 그 자손'이며, 그들을 〈자료 2〉에서 '천한 향 부곡인과 그 자손'으로 압축해서 표현한 것이다. 그런 죄를 범하지 않은 향, 부곡인과 그 자손은 응시와 입학이 가능했다. 결국 위의 두 자료는 엄밀한 의미에서 과거 응시와 국학 입학이 금지된 대상은 향, 부곡인과 그 자손 전체가 아니라, 특별한 범죄를 저지른 향, 부곡인과 그 자손임을 알려준다.

구체적인 예를 들어보기로 한다. 〈자료 1〉을 천인설과 같이 해석할 경우 과거에 응시할 수 없는 잡류 출신이 1045년(정종 11) 과거에 응시한 예가 있다(《고려사》 권95 이자연 열전 참고). 인종 3년(1125)에는 잡류의 과거 응시가 제도적으로 허용되었다(《고려사》 권75 선거3 한직조). 부곡인의 경우 5품 이상으로 승진할 수 없지만 관리 진출이 가능했다(《고려사》 권125 유청신전). 과거 응시와 국학 입학은 원칙적으로 양인 신분이면 가능했다. 잡류와 악공은 무산계武散階를 받은 양인 신분이다(김용덕 1980, 67~69). 따라서 위의 〈자료 1〉과 〈자료 2〉에서 과거 응시와 국학 입학이 금지된 대상은 특정의 죄를 범한 향, 부곡인과 잡류와 악공의 자손이다.

연구노트 5_관념의 벽을 넘게 한, 잊을 수 없는 스승

1988년 12월 초순 마침내 박사학위논문 〈고려시대 부곡제 연구〉가 심사를 통과했다. 같은 주제로 1980년 석사학위논문을 써서 통과한 이후 거의 10년 만이다. 결코 짧지 않은 시간이었다. 물론 그 사이 강의와 불가피한 청탁 원고 등으로 온전히 이 문제에만 매달리지는 못했다. 하지만 학위논문을 위해 준비한 시간이 다른 연구에 비해 훨씬 많았던 것은 사실이다. 짧지 않은 시간을 부곡 연구에 투자한 셈이다.

학위논문이 통과된 그 자리에서 지도교수 변태섭 선생님이 하셨던 말씀은 아직도 잊히지 않는다. 선생님은 여러 심사위원과 나를 향해, '아직도 부곡인이 천인이라는 생각에 변함이 없습니다. 다만 박군은 양인설을 입증하기 위해 사료 구사와 논리 전개 등 논증 과정에서 나름대로 합리적인 측면이 있기 때문에 통과된 것입니다'라고 말씀하셨다. 부곡인의 신분에 대해 당신의 생각이 이

논문의 결론과 다르다는 것은 논문 제출 이전부터 알고 있었지만, 통과 직후 하신 말씀으로 미루어 보아 천인설에 대한 선생님의 믿음은 생각보다 훨씬 분명하셨다. 순간 당혹스러워서 '선생님! 백남운의 부곡 연구 이후 50여 년 동안 지배해왔던 천인설이라는 관념의 벽이 너무 높은 것 같습니다'라고 얼른 답변한 기억이 난다.

박사학위논문 통과 당시 지도교수님의 말씀은 이후 저자의 연구생활에 적지 않은 자극이 되었다. 저자는 뒷날 바람직한 스승과 제자의 관계를 언급할 때마다 이 일화를 꺼내곤 한다. 저자는 부곡 집단을 고려 지방 행정(군현) 조직의 일부로 파악하고, 이 집단의 역사적 위상을 해석하기 위해 군현제 연구를 재검토하기 시작했다. 자연히 군현제 성립시기, 내부구조 및 계수관 개념 등 선생님이 하신 연구 분야와 많이 겹쳤고, 그 결론도 선생님과 다른 경우가 적지 않았다. 이러한 내용이 포함된 학위논문 심사를 선생님을 지도교수로 모시고 제출한 것이다.

상식적인 기준에서 보면 대단히 무모한 일이었다. 아마 보통의 사제관계라면 이쯤에서 제자가 알아서 학위논문을 포기하거나, 주제를 바꾸어 논문을 제출하거나, 스승이 내린 결론을 잣대로 삼아 논문을 작성했으리라. 그야말로 알아서 기어가기(?)를 해야 했던 것이다. 그러나 선생님은 이러한 무모한 제자를 도리어 격려해 주시고 무사히 학위논문을 받게까지 해주셨다. 당신과 다른 견해를 가진 제자를 받아들이고 따뜻하게 감싸주신, 잊을 수 없는 스승이다. 선생님께서 타계한 지 벌써 3년이 훌쩍 지났다. 선생님의 영향인지 몰라도 저자는 지금껏 제자의 연구논문 주제와 내용에 대해 일체 간섭하지 않으며, 가능하면 그들의 생각을 존중하려고 한다. 뒤늦게 철든 청개구리의 심정과 같다고 할까?

학위논문 통과 직후 하신 선생님의 말씀을 지금 다시 돌이켜보면, 박사학위논문에서 단순히 부곡인에 대한 신분 규제 기사에 대한 재해석만으로 양인설을 입증하기에는 너무 설득력이 부족하다는 뜻이 담겨 있었다고 생각한다. 사실 학위논문에서 제기한 저자의 양인설은 이론적인 검토 없이 저자의 소박한 문제의식에서 출발한 것이다. 구체적으로 천인설의 주장과 같이 고대에서 고려 시기에 이르기까지 오랜 기간 동안 부곡 집단이 천민 집단으로 존재할 정도로 사회구조의 변동은 전혀 없었던 것일까? 900여 개나 되는 부곡 집단을 천민 신분으로 유지할 정도로 국가가 강력한 지배력을 발휘할 수 있었을까? 부곡 집단이 천민 신분일 경우 천민 신분인 노비와는 어떤 관계일까? 이런 소박한 문제의식이었다.

학위논문 통과 직후 하신 선생님의 말씀은 저자의 이 같은 문제의식으로는 여전히 부족하다는 사실을 깨우쳐 주시는 것이며, 도리어 제자의 논지야말로 '관념의 벽'을 넘기에는 부족하다는 깊은 뜻을 에둘러 표현하신 것이리라. 부끄러움을 몰랐던 당시의 철없는 모습을 이제야 깨닫게 된다. 학위논문 이후 저자는 양천제 이론에 관심을 갖게 되었고, 그로부터 양인설을 더욱 다듬을 수 있었다.

양인설의 근거, 양천제 이론

양천제의 원리

1980년대 초반 이래 조선 초기 신분제 연구가 활발하게 이루어졌다. 이른바 양천론良賤論과 반상론班常論이 그것이다. 핵심은 조선 초기 신분이 크게 양인과 천인의 두 신분으로만 이루어져 있었는가 아니면 양반, 중인, 평민, 노비의 네 신분으로 구성된 것인가 하는 논의였다. 전자의 양천론은 양인을 국가에 조세와 역역을 부담하는 의무를 지고는 있으나 과거 응시가 가능하고 그를 통해 관리로 진출하여 고위직으로 오르는 데 제한이 없는 자유민의 성격을 지닌 존재로 파악했다. 반면 후자의 반상론에서 본 양인은 법제적으로 과거 응시가 불가능하지는 않으나 현실적으로 경제력이 부족하여 과거 응시가 불가능한 존재였다. 즉 관리가 될 수 있는 계층은 가문과 경제력을 지닌 양반이며, 같은 양인이더라도 조선 초기 양반과 양인(평민)은 상하의 구분되는 계층으로 보았다.

양천제 이론은 국가에 대한 권리와 의무의 유무에 따라 신분을 각각 양인과 천인으로 나누었는데, 조선 초기 사회를 어떻게 볼 것인가 하는 1980년대 논쟁에서 처음으로 학계에서 주목을 받았다. 이 이론은 국내뿐만 아니라 중국사에서 신분을 이해하는 이론으로도 활용되었다. 저자 역시 이러한 학계 분위기에 힘입어 양천제 이론을 바탕으로 양인설을 이론적으로 더욱 다듬을 수 있었다. 박사학위논문을 제출한 직후인 1990년 국사편찬위원회에서 '고려시대 신분제'를 주제로 한 학술회의에서 이 이론에 입각하여 부곡인 양인론을 체계화했다. 이 논문은 뒤에 〈고려 부곡인의 신분과 신분제 운영원리〉(《한국학논총》 13, 1991)로 발표되었다.

고려시대 신분제는 법제적으로 양천제의 원리에 따라 운영되었다. 성종 때(982~997) 최승로는 '우리나라에서 (신분을) 양인과 천인으로 구분하는 법[양천지법良賤之法]은 그 유래가 오래되었다'(《고려사》 권85 형법刑法2 노비조)고 했다. 고려의 양천제는 조선왕조 때 더욱 확고하게 정착한다.

중국사의 신분제도 양천제를 토대로 운영되었다. 중국사의 양천제는 당나라 율령제도에 그 전형을 선보인다. 양천제는 황제권력을 정점으로 모든 인민을 율령에 의해 양인과 천인 신분으로 구별한 국가적인 신분 질서로서 전제주의에 입각한 일원적인 농민지배[齊民支配]를 관철하기 위해 만들어진 것이다(西嶋定生 1963; 1973). 양천제의 목표는 양인과 천인 신분의 구별에 그치지 않고, 좀 더 많은 양인 신분을 확보하는 데 있다. 고려왕조 역시 양천제

최승로의 〈시무28조〉 부분

양천제는 국가에 대한 권리와 의무의 유무에 따라 신분을 각각 양인과 천인으로 나눈 제도다. 고려시대 신분제는 기본적으로 양천제의 원리에 따라 운영되었다. 최승로는 〈시무 28조〉에서 이 양천제의 유래가 오래되었다고 했다.

운영을 통해 좀 더 많은 양인 신분을 확보하여 국가의 물적 토대를 마련하려 했다. 그를 위해 천인 신분층은 되도록이면 양인으로 전환하려 했으며, 국가나 개인의 윤리 질서를 해치지 않는 최소한의 선에서 천인 신분을 유지하려 했다(洪承基 1981).

양천제의 원리에 따르면 양인 신분은 국가에 조세와 군역 등 공역公役을 부담해야 하는 의무를 지닌 공민이다. 그 반대급부로서 관리가 되는 길이 열려 있었다. 학교에 입학하거나 과거에 응시할 수 있는 권리가 부여되었던 것이다. 물론 관료가 될 경우 생활을 위한 토지를 지급받는 권리도 같이 받았다. 이같이 양인 신분은 국가에 대해 의무와 권리를 갖는 신분이었다. 반면에 천민인 노비는 '양반의 노비는 그 주인에 따라 지는 역이 다르지만, 국가에 공역公役과 잡세를 내는 의무는 없었다[兩班奴婢以其主役各別 自古未有公役雜斂]'(《고려사》 권85 형법刑法2 노비조奴婢條 충선왕忠宣王 24년 1월조). 즉 노비는 소유주(국가기관 혹은 개인)에게 단순히 신역身役만 부담할 뿐 국가에 대해 공역을 부담할 의무는 없었다. 또한 '노비는 큰 공이 있어도 돈이나 물품으로 상을 주되, 관직을 주지 않는다'(《고려사》 권75 선거3 한직조)고 했다. 게다가 '우리나라의 법은 8세 호적(조부모 증조부모 외조부모 처부모)에 천류賤流와 관계가 없어야 관직을 얻을 수 있다'(《고려사》 권85 형법刑法2 노비 충렬왕 26년조)라 했다. 이같이 노비와 같은 천민은 국가에 대해 공역 부담의 의무가 없는 대신 과거에 응시하거나 관리가 되는 등의 권리도 없었다.

세금을 부담하고 관리가 될 수 있는 부곡인

그렇다면 부곡인은 어떠했을까? 부곡인은 노비와 달리 국가에 대해 공역을 부담하는 의무와 함께 관리가 될 수 있는 권리를 지닌 양인 신분이었다. 먼저, 부곡인은 국가에 공역을 부담한 공민이었다. 다음의 기록에 이 점이 잘 드러난다.

1. 정종靖宗 2년(1036) 6월 삼사三司는 '지난 해 밀성 관내의 뇌산牢山부곡 등 세 곳이 큰 물로 인해 농사의 피해를 입었으니, 1년간 조세를 면제해 주십시오'라고 요청했다. 왕이 허락했다(《고려사》 권80 식화食貨3 재면지제災免之制조).
2. 숙종 7년(1102) 3월 삼사가 상소하기를 '동경 관내 주군州郡과 향, 부곡 19곳은 지난 해 오랜 한발로 인해 백성들이 기근에 많이 시달립니다. 법령에 따라 손실이 4분分(4/10) 이상은 조租, 6분分 이상은 조租와 조調, 7분分 이상은 과역課役을 모두 면제하고, 이미 납부한 사람은 내년도 조세를 면제해 주십시오'라 했다. 왕이 허락했다(《고려사》 권80 식화食貨3 재면지제災免之制조).

〈자료 1〉에 따르면 부곡인은 국가에 대해 조세를 부담했다. 부담한 조세의 내용을 알 수는 없지만, 〈자료 2〉에서 부곡인이 부담한 조租, 조調, 역役의 3세가 조세의 구체적인 내용임이 분명하다. 3세는 군현에 거주한 일반 농민층도 부담했다. 이같이 부곡인은 농업에 종사하는 농민층으로, 일반 군현민과 같이 국가에 조세를 부담했다. 이는 부곡인이 국가에 대해 공역의 의무를 지닌 공민임을 알려준다. 따라서 부곡인은 국가의 수취체계 속에 묶여 3세와 같은 공역을 부담한 의무를 지녔다.

한편 다음의 기록과 같이 부곡인은 관리가 될 수 있었다.

> 유청신柳淸臣은 …… 장흥부 고이高伊부곡인이다. 그 선조는 모두 부곡리部曲吏다. 나라 제도에 부곡리는 공이 있어도 5품을 넘을 수 없다(《고려사高麗史》 권125 류청신柳淸臣 열전).

위의 자료에 따르면 부곡리는 국가에 공을 세워도 5품을 넘는 관직에 임명될 수 없다. 그러나 인용하지 않은 이 자료의 뒷부분에서 충렬왕은 유청신이 통역관으로 원나라와 고려를 오가며 공을 세웠다면서 그에게 특별히 3품을 내렸다. 즉 부곡인은 5품 이상 오르지 못하는 한품限品의 제한을 받으나, 관리가 되는 데 아무런 문제가 없었다.

그렇다면 부곡리가 관리가 될 수 있었던 까닭은 무엇일까? 부곡리는 지방 행정의 실무를 맡은 이족吏族계층으로, 국가에 대해 향리의 역, 즉 향역鄕役의 의무를 짊어진 공민이었다. 그러한 의무에 대한 권리로서 비록 한품의 제한을 받지만 관리가 될 수 있었다. 또한 '주, 부, 군현과 향, 소, 부곡, 진, 역의 향리 등 국역을 부담한 자에게는 토지를 지급, 그들의 삶을 넉넉하게 하여 나라의 근본을 심게 한다'《고려사》권78 식화食貨1 녹과전조 조인옥趙仁沃 상소)라는 기록에서 알 수 있듯이, 부곡리는 역의 대가로 토지를 지급받았다. 성종 때도 부곡리에게 장전長田이 지급되었다(《고려사》권78 식화1 공해전시公廨田柴 성종 2년 6월조). 이같이 부곡리는 양천제하에서 향역을 부담할 의무 그리고 그와 함께 관리로 진출하고 토지를 지급받을 수 있는 권리를 지닌 양인 신분이었다.

다음은 부곡인의 관직 진출에 관한 기록이다.

> 정문鄭文은 자가 의덕懿德으로 초계草溪현인이다. 과거에 급제했다 …… 뒤에 벼슬이 우습유가 되었다. 대간은 그가 우습유가 되자 그것을 반박하는 상소에서, '(정)문의 외조는 처인處仁부곡 출신입니다. 그에게 간관諫官의 벼슬을 내리는 것은 적합하지 않습니다' 라고 했다. 이에 따라 다시 전중내급사殿中內給事 지제고知制誥의 벼슬을 내렸다(《고려사》권75 정문鄭文 열전).

위의 자료에서 알 수 있듯이 정문의 외조는 처인부곡 출신이지만, 과거에 급제하여 관리가 되었다. 다만 외조가 부곡인 출신이라는 이유로 간관인 우습유에 임명되지 못다. '8세의 호적(조부모, 증조부모, 외조부모, 처부모)에 천류가 없어야 관직을 얻을 수 있다' 는 당시 입법 취지에서 봤을 때, 정문과 같이 과거에 응시하여 관료가 된 부곡인은 천민일 수 없음이 분명하다.

고려 신분제 운영 원리인 양천제는 이같이 전제주의에 기반하

부곡인의 관직 진출 기록(유청신(좌)과 정문(우))

부곡인은 국가에 공을 세워도 5품을 넘는 관직에 등용될 수 없었으나 관리가 되는 데는 아무런 문제가 없었다. 당시에는 '8세의 호적(조부모, 증조부모, 외조부모, 처부모)에 천류가 없어야 관직을 얻을 수 있다'는 법이 있었다. 그런데 정문은 외조가 부곡 출신이지만 과거에 급제하여 관직에 진출한다. 즉 부곡인은 천민이 아니었던 것이다.

여 전국의 민을 효과적으로 지배하기 위한 국가적인 신분 질서이면서, 좀 더 많은 양인 신분을 확보하여 국가의 물적 토대를 확보하려는 목적으로 운영되었다. 즉 양인 신분은 국가에 대해 조세와 역역을 부담하는 의무와 함께 과거에 응시하여 관리가 되는 권리를 지녔다. 물론 관리가 될 경우 토지를 지급받아 생활을 영위할 수 있는 권리도 보장받았다. 요컨대 부곡인은 조세를 부담한 공민의 의무와 함께, 비록 5품을 넘지 못하는 한품 대상자이며 청요직인 간관으로 진출할 수 없는 제한이 있을 뿐, 관리가 될 수 있는 권리를 지녔다. 부곡인은 국가에 대해 의무와 권리를 동시에 가진 양인 신분이었던 것이다.

5장
부곡 집단의 변동과 해체, 소멸

연구노트 6 _ 임건상의 복사본과 학문의 자유

1982년 가을학기가 막 시작된 9월 중순 무렵이다. 저자는 당시 부천의 성심여자대학(현 가톨릭대학)에 부임한 지 2년 된 새내기 교수였다. 그날따라 아침 일찍 연구실에서 나와 강의 준비를 하고 있는데, 전화가 걸려왔다. 1교시 수업 시작 전이었다. 자신은 관내 경찰서에 근무하고 있는데, 요즘 관내의 대학생들이 불온서적을 많이 읽고 있으니, 그에 대해 교수님의 자문이 필요하다는 전화였다. 당시는 엄혹한 5공화국 시절이라 일단 그러한 전화를 받으면 누구라도 위축되기 마련이었다. 저자 또한 마찬가지여서 우선 피하고자 하는 마음이 앞선다. 자문을 할 위치에 있지 않으니 사양하겠노라고 정중하게 답했다. 그러자 전화를 건 이는 나의 답변을 아예 무시하고 잠시만 시간을 내주시면 되니 찾아뵙겠다고 일방적으로 통보를 한 후 전화를 끊어버렸다.

불길한 느낌이 온 몸을 감싸는 듯했다. 그때만 해도 대학생과 지식인들이 일방적으로 연행되는 일을 주변에서 적지 않게 접했고 목격하기도 했던 나로서는 그 전화가 대단히 불길하다는 느낌을 지울 수 없었다. 연행된 사람들의 적지 않은 경우가 이른바 불온(?)한 서적의 소지와 탐독 때문인 경우가 많았는데, 지금 내가 받은 전화도 그 일 때문이 아닌가 걱정스러웠다. 그러나 그런 생각조차 길게 할 틈이 없었다. 통화가 끝난 지 얼마 지나지 않은 시간, 연구실 문을 강하게 노크하는 소리와 함께 정장 차림의 키가 크고 건장한 남자 2명이 문을 열고 연구실로 들어섰다. 들이닥쳤다는 표현이 더 정확할 것이다. 전화 후 곧 바로 연구실로 온 것으로 보아 그들은 대학 가까이에서 전화를 걸어 내가 연구실에 있는 것을 확인한 후 바로 연구실로 들이닥친 것이라 여겨진다.

그들은 내게 "최근 월북한 사람의 책을 갖고 계시지요?" 하고 다그쳤다. 내 연구실에는 백남운, 전석담, 김석형 등 북한에서 활동하는 역사가들의 저술 복사본들이 있었다. 백남운의 복사본《조선사회경제사》를 찾아 내밀었다. 내가 순순히 응하는 것이 뜻밖인 듯 그들은 의아스럽게 여기면서도 한편으로 생각보다 일이 쉽게 풀린다며 안도하는 눈치였다. 연구실로 들이닥칠 때의 기세를 약간 누그러뜨리면서 다시 묻는다. 임건상이라는 사람의 책을 갖고 있지 않느냐고. 그들이 내 연구실로 찾아온 목적을 비로소 알게 되었다.

나는 이 책의 복사본을 석사과정 시절 은사 김철준 선생님께 빌렸는데, 다시 복사해서 갖고 있었다. 김철준 선생님은 그때 복사본을 빌려주시면서 조심스럽게 읽고 보관하라 하셨는데, 기어코 일이 터지고야 말았다. 임건상의 《조선의 부곡제에 관한 연구》(평양, 1963)의 발행 연도와 출판 장소를 석사학위논문에 그대로 노출시킨 것이 화근이었다. 당시에는 북한으로 월북한 연구자나 현역 북한 연구자의 논문이나 저서를 인용할 경우, 성씨만 따와 '이모', '김모' 정도로 표기하고 논문이나 저서 제목만 소개하는 정도가 일반적이었다. 실명 그대로 노출하면 법에 위반되기 때문이다.

석사논문에서 임건상의 저서가 공개되자, 저자에게 책을 빌려 달라는 이가 많았다. 지금 생각해 보면 엄혹하던 시절이라 그런 류의 서적을 보고 갖고 싶은 욕구가 오히려 더 컸던 때문이 아닐까 싶다. 전공 분야를 불문하고, 심지어 굳이 읽지 않더라도, 때로는 복사를 거듭하여 반 정도는 읽을 수 없더라도 마치 신앙처럼 그런 책을 닥치는 대로 복사하여 가지고 읽으려 했다. 그래야만 유신정권 이래 대학가를 억눌러왔던 숨 막히는 감시의 눈길을 피할 수 있는 일종의 부적과 마법을 얻은 것처럼, 또 그렇게 하는 것이 백면서생의 우리들이 할 수 있는 권위주의 정권에 대한 최소한의 저항과 복수가 되는 양 그런 책을 닥치는 대로 수집하고 또 읽으려 했다. 임건상의 책도 결국 주변 친구들의 성화에 못 이겨 몇 차례 복사되어 여러 사람들에게 전해졌고, 그것이 결국 사단을 일으킨 것이다.

바로 얼마 전 복사를 한 친구에게 건네받은 책을 공교롭게도 며칠 전 다시 다른 친구에게 빌려줬다. 그런데 그들이 임건상의 책의 소재를 물어왔고, 급한 김에 집에 있다고 둘러댔다. 그러자 그들은 함께 집으로 가서 그 책을 보여줄 수 없느냐고 했다. 어쩔 수 없이 그들의 검은 승용차를 타고 집으로 출발했으나, 집에 없는 책이 있을 리 없다. 결국 달리는 차 속에서 사실은 며칠 전 친구에게 빌려주었다고 털어놨다. 그러자 그때부터 욕설과 막말을 하면서 험하게 다루기 시작했다. 차를 돌려 바로 자신들의 사무실로 연행해갔다.

지하에 있는 조그만 방에 끌려 들어갔다. 두어 평 됨직한 사무실은 심문용 책상 외에는 아무것도 없었다. 밝은 형광등으로 인해 흰 벽면이 더욱 눈부셨다. 안경과 소지품을 내려놓게 하고 넥타이와 허리띠까지 풀게 했다. 그 순간 모든 것이 무너져 내리듯 심한 허탈감과 함께 자괴감을 느꼈다. 마지막 남은 자존심이 내던져지는 순간이었다. 교수라는 신분이 이 경우엔 대단히 거추장스러운 짐이 될 수 있다는 사실도 깨달았다. 항의와 저항의 언사를 할 의욕조차 없었다. 주변에 있는 수많은 친구들이나 선후배들이 연행되고 구속되어 이런 과정을 겪었겠지만, 그 순간만은 오직 나만이 일을 당하고 있다는 생각뿐이었다.

먼저 그들은 내 수첩 속에 적힌 전화번호의 주인 가운데 그들이 익히 알고 있는 이름을 찾아서는 나와의 관계를 하나하나 묻기 시작했다. 그런 다음 가족 사항과 재산 상황, 학교에서의 교우관계, 강의 제목과 내용 등을 캐물었다. 임건상의 책 때문에 연행되었는데 전혀 다른 방향에서 심문하고 있었다. 임건상의 저서를 빌미로 연행했지만 실제로는 다른 건에 연루시키는 게 아닐까 하는 또 다른 불안감이 들었다. 시계까지 압수되어 시간이 어느 정도 흘렀는지도 알 수 없었다. 그들은 심문을 번갈아 하니 지치지 않았겠지만, 나는 많이 지치기 시작했다.

드디어 임건상의 책 얘기로 심문이 시작되었다. 그러나 정작 내용은 간단했다. 심문의 요지는 다음과 같았다. 이 책이 북한에서 발간된 불온서적이다. 이 책을 읽으려면 비밀취급인가를 받아야 하는데 받지 않았다. 그리고 내가 이 책을 소지하여 읽고, 친구에게 빌려주었다. 불온서적 불법 소지, 탐독, 배포 등 내가 국가보안법을 위반했으므로 기소하겠다고 했다. 그들은 자신들이 시중의 복사가게에서 압수한 임건상의 책이 친구가 내게 빌린 복사본이라고 말했다. 현재 확인이 불가능하니 나를 보내주면 복사본을 가져와 대조하면 될 것이라고 했다. 그러나 말이 통하지 않았다.

또 다른 이유는 내가 논문에서 임건상의 연구를 그대로 인용하고, 그를 추종했다는 것이다. 놀랍게도 그들은 이미 내 논문이 실린 논문집을 갖고 있었으며, 내가 임건상을 인용한 각주에 표시까지 해두었다. 복사본의 소재를 추적하는 과정에서 내 논문까지 수집하여 검토하고, 북한을 추종하는 연구자로 옭아매려 했던 것이다. 그러나 내가 월북한 역사학자를 추종했다는 근거는 단순히 논문 각주에서 임건상의 논문을 인용했다는 사실뿐이었다. 공안정국에 유리한 여건을 만들기 위해 북한을 추종하는 역사학도를 잡아 건수(?)를 올리려는 생각만 앞섰지, 논문의 내용은 읽지 않고 연행부터 먼저 했던 것이다.

　나는 임건상과 다른 입장에서 논문을 썼다고 강조하며 임건상을 추종하지 않았다고 말했다. 임건상은 부곡 집단이 천민 집단이며 삼국시대에 주로 존재했다고 주장했지만, 나는 부곡 집단이 천민 집단에서 양인 집단으로 신분이 변질되었고 고려시대에 존재했다는 사실을 들어 임건상의 주장을 반박했다고 강조했다. 그들은 나의 해명에 난감한 표정이었다. 다른 곳에서 회의를 하는지 꽤 오랜 시간 동안 홀로 방에 있었다. 그들은 마침내 친구에게 빌려준 복사본은 압수해야 하니 내일까지 가져다 줄 것을 요청하고 기소는 없는 것으로 결정했다고 통보했다. 대신 오늘 있었던 일은 아무에게도 발설하지 않겠다는 서약을 하게 했다. 바깥에 나오니 이미 밤 10시가 훌쩍 지나 있었다. 12시간 이상 조사를 받은 셈이다. 온 몸에 힘이 빠지는 느낌이었다.

　지금은 상상조차 할 수 없지만, 내가 겪은 이런 식의 일화는 1980년대 초반 반공 이데올로기를 내세운 막가파식 공안통치가 모든 가치를 압도하던 당시 대학가에서는 흔히 마주칠 수 있는 풍경의 하나였다. 학문의 자유가 빈 구호에 불과하던 시절 나는 학문을 한답시고 대학원에 진학했고 운 좋게도 대학에 자리를 잡은 어설픈 연구자에 불과했다. 대학 시절에는 민주화를 위해 당차게 앞장설 정도의 뱃심도 없는 소심한 학생에 불과했다. 그런 나 같은 사람도 이 정도의 수모를 겪었으니, 용기를 내서 민주화를 외치던 다른 이들은 훨씬 더 큰 수모와 고통을 받았으리라. 그렇지만 이런 고약한 일로 인해 받은 상처는 정도의 차이를 떠나 누구에게나 깊이 가슴 속에 남아 있을 것이다.

  이 일로 인해 나는 몇 가지 변화를 겪었다. 그 후 수년 동안 모르는 곳에서 전화를 받으면, 대단히 미안한 일이지만, 일단 상대방을 의심하거나 도중에 전화를 끊어버릴 정도로 전화 기피증 같은 후유증을 겪었다. 지금처럼 통화자를 미리 식별할 수 없는 시절이었다. 책을 빌려준 은사 김철준 선생님께 심한 질책과 함께 초임 교수가 연구는 하지 않고 괜한 짓에만 매달린다는 오해도 받았다. 오해를 풀기 위해서라도 부곡 연구에 더욱 매진할 수밖에 없었다. 심문 과정에서 급한 김에 나와 임건상의 연구가 다르다고 둘러대자, 그들은 당신 연구가 임건상의 연구와 구체적으로 어떤 점에서 다르냐고 추궁했다. 석사학위논문 작성 직후라 축적된 연구가 없어 답변은 궁색했다. 그러면서 얕은 학문에 대해 부끄러운 심정을 가진 바 있다. 오히려 이 사건이 이후 부곡 연구에 더 매달리게 한 것은 아닐까 하는 생각을 하기도 한다.

부곡 집단의 변동과 계층 분화

고려시기 부곡 집단은 자기 생업에 종사하면서 국가가 필요로 하는 특정의 역을 부담했기 때문에 그 과정에서 관청이나 권세가, 향리 등에게 수탈을 당하는 경우가 적지 않았다. 그렇기 때문에 부곡인은 군현의 주민에 비해 사회경제적으로 열악한 조건에 놓일 수밖에 없었다. 부곡 집단은 12세기 이후 점차 변동되기 시작하며, 그에 따라 주민들이 거주지를 이탈하는 현상이 나타난다.

1108년(예종睿宗 3) 경기 지역 동소, 철소, 자기소, 먹소에 대해 지나치게 많은 공물을 부과하자 고통을 이기지 못한 소의 장인들이 유망했는데, 같은 경기 지역 군현의 주민보다 더 심했다고 한다(《고려사》 식화1 공부조). 당시 유망의 대책으로 조세를 감면하는 조치를 내렸으나(《고려사》 권80 식화3 은면지제 예종 3년 2월조), 근본적인 대책은 아니었다. 또 다른 대책으로 부곡 지역을 통폐합하여 새로운 군현을 신설하기도 했다. 인종은 묘청의 난을 진압한 후

1136년(인종 14) 서경기 지역을 재편하면서 군현을 신설했다. 그중 순화현順化縣은 1개의 부곡과 3개의 일반 촌락이 묶여 신설되었다. 강서현江西縣은 6개의 향, 삼화현三和縣과 삼등현三登縣은 각각 3개의 부곡, 강동현江東縣은 1개의 향과 3개의 촌락을 묶어 각각 신설되었다(《고려사》 권58 지리3 해당 군현조 참고). 인구나 토지 규모가 영세하여 독자의 수취 단위가 될 수 없는 부곡 지역을 통폐합, 새로운 군현을 신설한 것이다. 필요할 경우 해체의 대상이 될 정도로 부곡 집단의 기능이 상실되었음을 알려준다.

무신정권 이후 무신권력자들이 지방 사회에서 수탈을 강행하자, 그에 저항하는 농민 등 하층민의 봉기가 전국적으로 일어났다. 부곡 지역은 당시 하층민 봉기의 중심지 역할을 했다. 부곡 주민의 첫 봉기는 1176년(명종 6) 1월 공주 명학소鳴鶴所(현 대전시 탄방동 일대) 주민 망이亡伊와 망소이亡所伊의 봉기다. 이들은 무리를 모아 산행병마사山行兵馬使라 자칭하고, 공주를 공격하여 함락했다. 고려정부는 몇 차례 토벌에 실패하자, 이해 6월 망이의 고향 명학소를 충순현으로 승격시킨다. 1177년 1월 망이와 망소이가 투항해 오자, 그에게 곡식을 주어 고향으로 돌려보낸다. 그러나 망이 등은 다음달 2월 다시 반란을 일으켜 가야사伽耶寺를 노략질했다. 3월에는 홍경원弘慶院을 불지르고 주지 승려를 협박하여 편지를 주어 서울로 보냈다. 그 편지의 내용은 다음과 같다.

우리 고향 (명학소를 충순)현으로 승격시키고 수령을 두고 우리를 위로

공주 명학소 기념탑

▶ :
망이는 1177년 2월에 다시 난을 일으켜 서산의 가야사를 점거하고 3월에는 직산의 홍경원을 불태워 승려 10여 명을 죽이는 등 일대를 휩쓴 다음 아산까지 점령했다.

▼ :
1177년 3월 망이 등은 홍경원을 불지르고, 자신의 고향인 명학소에 대한 과도한 수탈이 봉기의 원인이었음을 알리는 편지를 홍경원 주지에게 주어 서울로 보냈다.

천안 봉선 홍경사 갈기비碣記碑

했다. 그런데 갑자기 군사를 풀어 토벌하고 나의 어머니와 처를 잡아 갔으니, 그들의 생각이 어디에 있는가? 차라리 칼날 아래서 죽더라도, 항복하지 않을 것이다. 반드시 왕경을 공격할 것이다(《고려사》 권19 명종 7년 3월조).

명학소에 대한 과중한 수탈 때문에 봉기를 일으킨 망이, 망소이는 정치세력을 확장시켜 지금의 충청도 일대를 장악하고 개경을 공격하려 했다. 그러다가 1177년 6월 망이가 항복을 하면서 봉기는 막을 내린다.

다음의 기록도 부곡민이 봉기한 사실을 알려준다.

1. 당시 합주陜州 지역의 반란군 광명光明과 계발計勃은 세력이 크고 제멋대로 날뛰어 일대에 커다란 피해를 끼쳤다. 당시 진주의 향리 정방의鄭方義가 난을 일으켜 진주를 점령하고 있었다. 그때 정방의와 사이가 좋지 않은 20여 명이 합주의 반란군이 거주한 노올奴兀부곡에 투항했다. 그들은 정방의를 공격하기 위해 군사를 요청했다. 반란군이 이에 응했으나, 정방의가 도리어 이들을 공격하여 패주시키고, 그 여세로 노올부곡에 쳐들어가 나머지 반란군을 모두 없앴다 《고려사》 권128 정방의 열전).
2. 신종 7년(1204) 동경사람들이 신라가 다시 일어난다는 말을 날조하여 상주, 청주, 충주, 원주도 등지에 격문을 돌리고 난을 일으켰다. 동경의 관격官格을 지경주사知慶州事로 떨어뜨리고, 경주 관내의 주,

부, 군현과 향, 부곡을 안동과 상주에 나누어 소속시켰다. 고종 6년(1219) 다시 동경유수가 되었다(《고려사》 권57 지리2 동경유수관 경주조).

〈자료 1〉에 따르면 광명과 계발은 지금의 경남 합천 지역인 합주에 있는 노올부곡인이다. 이들은 이곳에서 봉기하여, 진주의 향리인 정방의와 싸우다 패했다. 이처럼 광명과 계발의 봉기는 진주에까지 영향력을 끼칠 정도로 규모가 컸다. 〈자료 2〉에 따르면 1204년(신종 7) 지금의 경주인 동경에서 일어난 신라부흥운동이 진압되자, 경주 소속의 주, 부, 군현과 향, 부곡을 떼어내어 각각 상주와 안동에 속하게 했다. 다른 곳으로 소속이 바뀐 곳은 신라부흥운동에 가담한 군현과 부곡 집단일 것이다. 무신정권기 가장 큰 봉기의 하나인 신라부흥운동에 향과 부곡의 주민이 가담했던 것이다.

1197년(명종明宗 27) 이규보는 지금의 상주 지역 영산靈山부곡을 방문한 시를 남겼는데, 그 속에 당시 부곡 지역의 모습이 잘 나타나 있다.

(8월) 11일 일찍 원흥사元興寺를 출발하여 영산靈山부곡에 이르다
영산은 아주 궁벽한 고을이라 / 靈山最僻邑
사람이 다니는 길도 거칠기만 하네 / 客路尙荒榛
흉년이 들어 도망한 호들이 있으나 / 歲儉有逋戶
백성은 순박하고 노인이 많구나 / 民淳多老人

누른 닭은 큰 소리로 울어대고 / 黃雞啼呢喔

푸른 쥐는 소리를 내면서 나오네 / 蒼鼠出呻呻

검은 옷을 걸친 몇 명의 아전이 / 數箇緇衣吏

손님을 맞이하듯이 놀라서 달음질치네 / 驚馳似逆賓

-《동국이상국집》권6 고율시古律詩

이 시에 따르면 영산부곡의 주민은 농사를 지으며 생계를 잇는

영산부곡 전경(동쪽 외곽)

1197년 이규보가 영산부곡(지금의 상주 지역)을 방문하고 남긴 시에는 농사를 지으며 순박하게 살고 있던 당시 부곡인의 생활 모습이 잘 나타나 있다.

순박한 모습이다. 영산부곡은 몇 명의 향리가 있을 정도로 특수 행정구역으로 유지되고 있었으나, 흉년으로 세금을 내지 못해 도망한 호가 많았을 정도로 매우 궁핍하고 영세한 한촌寒村 내지 벽촌僻村의 모습으로 묘사되어 있다. 12세기 후반 무신정권의 수탈에 저항한 농민봉기의 여파가 영산부곡의 모습에서도 잘 드러나 있다.

13세기 초반에는 부곡 지역의 토지가 권세가들에게 탈점되기도

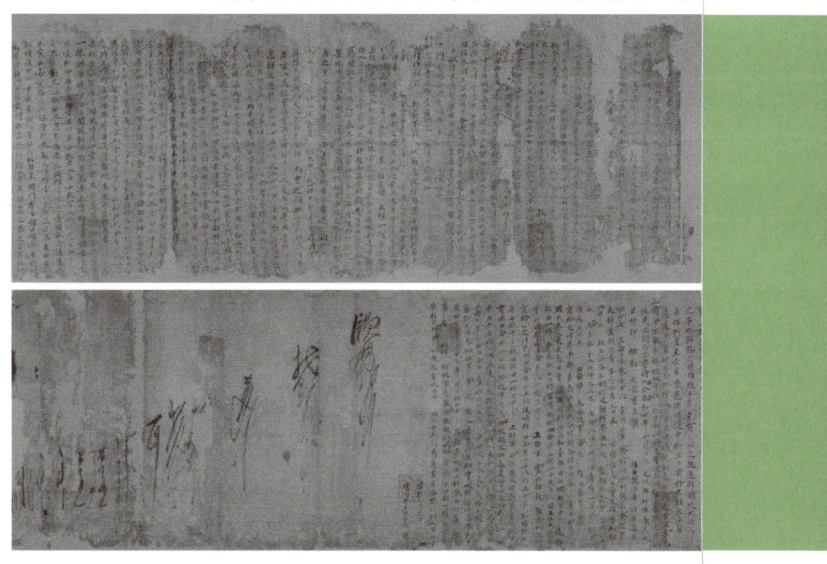

〈송광사문서〉의 하나인 〈수선사형지기修禪社形止記〉(보물 제572호)

1220년대 무신정권 권력자 최이가 부곡 지역 토지를 송광사에 시납한 문서인 〈송광사문서〉는 부곡 지역 토지가 권력자에 탈점된 사실을 알려준다.

했다. 〈송광사松廣寺문서〉(1221~24년 사이 작성)에 따르면 승평군의 가음加音·진례進禮·적량赤良부곡과 장흥부의 불음拂音부곡의 토지가 당시 무신의 최고 권력자 최이崔怡와 송서宋緒의 사유지가 되어 송광사에 시납되었다(박종기 1981). 이들은 뇌물이나 고리대, 권력을 이용한 탈점으로 부곡 지역의 토지를 소유한 것으로 판단된다. 부곡 지역은 1296년(충렬 22) 5월 향과 부곡에 거주하는 인리人吏가 한 가호家戶도 없을 정도(《고려사》 권84 형법1 직제職制조)로 피폐화되어 그 기능을 거의 상실하게 된다.

13세기 후반 원나라의 고려에 대한 간섭이 본격화되면서 하층민의 봉기와 저항은 거의 소멸된다. 대신 원과의 교류가 활발해짐에 따라 부곡인들이 원과 고려에서 각각 무관, 역관譯官, 환관 등으로 진출하는 경우가 많이 나타난다. 대표적인 예가 박구朴球다.

박구는 울주蔚州 소속의 부곡인이다. 그의 조상은 부상富商이었다. 그는 조상의 재산으로 인해 큰 부자[요재饒財]로 알려졌다. 원종 때 상장군이 되었다······ 원나라 세조가 일본을 정벌하려 했을 때 충렬왕이 원나라 중서성에 요청하여 호두금패虎頭金牌와 인장을 주게 하여, 박구는 소용昭勇대장군 좌부도통에 임명되었다. 그는 김방경을 따라 일본 정벌에서 공을 세웠고 그 후 동지밀직사사同知密直司事가 되어 합포를 지켰다. 찬성사의 관직에 있다가 죽었다. 박구는 다른 기능은 없으며, 군공軍功으로 귀하게 되었다(《고려사》 권104 박구朴球 열전).

위의 기록에 따르면 박구가 원종 때 상장군인 것으로 보아, 고종 무렵 무반으로 진출한 것으로 생각된다. 당시 고려는 몽골과 전쟁 중이었기 때문에, 전쟁에서 군공을 세워 무반으로 진출했던 것이다. 그에게 '다른 기능이 없으며, 군공軍功으로 귀하게 되었다' 는 위의 기록이 이 같은 추측을 뒷받침한다. 그는 1274년(충렬 즉위) 원나라 출신 공주가 고려에 올 때 공주를 호위한 충렬왕의 측근이었다. 1279년(충렬 5) 12월에는 밀직부사密直副使로 승진하여 재상이 된다. 1281년(충렬 7) 5월에는 고려군의 부사령관으로 제2차 일본 정벌에 참가했다. 1287년(충렬 13) 5월 원나라에서 내안乃顔의 반란이 일어나자, 국왕은 이해 6월 박구에게 정벌을 준비하게 했다. 그는 1289년(충렬 15) 8월 사망한다.

고려 중기 부곡인의 외손인 정문이 재상된 적이 있으나, 부곡인이 재상이 된 경우는 박구가 처음이다. 그가 군공軍功으로 관료가 된 당시 그의 집안은 상업으로 부를 축적한 부상富商으로 발돋움했다. 이는 고려 후기 부곡 집단이 구조적으로 변동되고 그에 따라 주민의 계층 분화가 이루어지고 있었음을 상징적으로 보여준다.

같은 무렵 또 다른 부곡인 유청신은 역관으로 일본 원정 등 고려와 원나라 사이의 현안을 해결하기 위해 활동했다. 그의 열전에 실린 내용을 정리하면 다음과 같다.

유청신은 처음 이름은 비庇다. 장흥부의 고이高伊부곡인이다. 그의 조상은 모두 부곡리였다. 나라 제도에 부곡리는 공이 있어도, 5품을 넘을 수 없다 …… 유청신은 몽골어를 읽어 여러 차례 원나라에 사신으로 가서 일을 잘 처리했다. 이로 인해 충렬왕의 사랑을 받아 낭장의 벼슬에 임명되었다. 교서를 내리기를, "유청신은 조인규를 따라 힘을 다해 공을 세웠다. 비록 유청신의 가세가 5품에 머물 수밖에 없으나, 그에 한해 3품까지 허용한다". 또한 고이부곡을 고흥현으로 승격했다(《고려사》권125 유청신柳淸臣 열전).

위의 기록에 따르면 부곡인은 5품 이상의 관직에 진출할 수 없

고이부곡

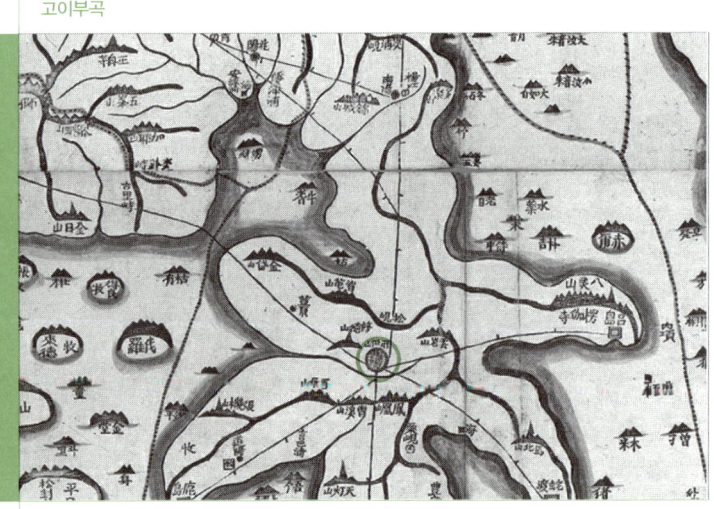

지도의 가운데 흥양興陽이 고이부곡 지역이다. 유청신은 원 간섭기의 역관으로 고려와 원나라 간 현안을 해결하는 공을 세웠다. 충렬왕은 유청신의 출신지인 고이부곡을 고흥현으로 승격시켰다.

는데도, 충렬왕은 유청신에게 3품직을 제수하고 그의 출신지 고이부곡을 고흥현으로 승격시킨다. 《고려사》 세가(권21)에 따르면, 유청신이 3품직에 임명된 것은 1287년(충렬 13) 8월이다. 그는 5월 원나라에 내안乃顔의 반란이 일어났을 때 고려와 원나라 사이의 연락 업무를 전담한 공으로 8월 대장군(종3품)으로 승진한다. 부곡 출신 유청신이 역관으로 활동하기 시작한 것은 충렬왕 초기다. 이로써 원 간섭기에 또 한 사람의 부곡인이 관리로 진출한 사례를 확인하게 된다.

유청신 사당(충남 천안 소재)

부곡인 유청신은 역관으로 고려와 원나라의 관계를 유지하는 데 큰 공을 세워, 훗날 재상이 되었다.

유청신은 1297년(충렬 23) 동지밀직사사同知密直司事(종2품)에 임명되어 재상이 된다. 또한 1298년 충선왕이 즉위하자 판밀직사사判密直司事(종2품)로 밀직사의 최고위직에 오른다. 충선왕 복위 후에는 1310년(충선 복위 2) 첨의정승이 되었으며, 원나라에 머물던 충선왕이 국내의 군국대사를 맡길 정도로 신임을 받는다. 1321년(충숙 8) 4월 국왕이 원나라에 소환되자, 그는 함께 원나라로 간다. 1323년(충숙 10)에는 오잠吳潛과 함께 고려를 원나라 행성으로 편입시킬 것을 요청한다. 1328년(충숙 15)에는 오잠과 함께 중서성에 충숙왕이 눈이 멀고 말을 할 수 없어 정사를 할 수 없다고 무고하여, 귀국하지 못하고 원나라에 머물다 이듬해 죽는다.

부곡인 출신 박구와 유청신은 원 간섭기에 모두 재상의 반열에까지 올랐다. 이는 부곡인에게 가해진 여러 가지 까다로운 규제가 더 이상 적용될 수 없을 정도로 정치와 사회가 변화되었음을 의미한다. 이러한 변화는 부곡인과 같이 신분의 제한과 한계를 지닌 인물들이 지배층으로 진출하는 데 매우 유리한 여건을 조성해주었다.

부곡인 출신이 박구와 유청신과 같이 고위직은 아니지만 환관, 옹주翁主 등이 되어 자신의 출신지 부곡을 군현으로 승격시키는 예는 매우 많이 나타난다. 이는 고려 후기 부곡 집단의 해체를 촉진시키는 결과를 낳았다. 다음의 기록을 보자.

1335년(충숙후 4) 상호군 안자유安子由 등이 원나라 수도에서 돌아와 황후가 전왕(충혜왕)에게 명령한 말을 전했다. 그에 따르면, '영주永州 이지은소利旨銀所는 옛날 현이었다. 중간에 읍인들이 국명을 거역하여 현을 없애고 그 주민은 은을 세금으로 바치는 은소가 된 지 오래되었다. 이 고장 출신 나수那壽와 야선불화也先不花가 어려서부터 (원나라) 궁궐에 근무하면서 공을 쌓았다. 그 공으로 고향을 승격시켜 다시 현이 되게 하라'고 했다. 이에 국왕은 관리들에게 명하여 천후의 지시대로 그렇게 했다《졸고천백》 권2 영주이지은소승위현비永州利旨銀所陞爲縣碑).

위의 기록은 1339년(충숙후 8) 이지은소 출신의 원나라 궁중 관료 나수와 야선불화의 요청에 따라, 원나라 왕후가 고려 국왕으로 하여금 영주의 이지은소를 현으로 승격하게 한 사실이 담긴 비문의 일부다. 부곡민 출신이 원나라 황후에게 부탁하여 자신의 출신지를 현으로 승격시킨 사실은 부곡인의 계층 분화가 원 간섭기에 대단히 활발했음을 잘 보여주는 예다. 계층 분화가 결국 부곡 집단의 해체를 촉진시킨 하나의 동력이 된 것이다. 이러한 사례는 많이 나타난다. 몇 가지를 더 들면 다음과 같다.

1. 충렬왕 때 가야향加也鄕 출신으로 호군護軍인 김인궤金仁軌가 공을 세워 그의 고향(가야향)이 춘양현都陽縣으로 승격되었다《고려사》 권57 지리2 안동도호부조).
2. 충선왕 때 경화옹주敬和翁主의 고향 덕산德山부곡은 재산현才山縣이 되었다. 충혜왕 때 환관인 강금강姜金剛이 원나라에 가서 수고한 공

으로 그의 고향 퇴관退串부곡이 나성현柰城縣으로 승격되었다(《고려사》 권57 지리2 안동도호부조).

3. 용안현龍安縣은 원래 함열현縣의 도내산은소道乃山銀所(혹은 창산소倉山所)였다. 충숙왕 8년(1321) 이곳 출신 백안부개伯顔夫介가 원나라에서 우리나라에 공을 세워 도내산은소는 용안현으로 이름을 고쳐 승격되었다(《승람》 권34 용안현龍安縣 건치연혁조).

위의 자료(1~3)는 고려와 원나라에서 군인, 옹주, 환관 등으로 진출한 향과 부곡인 출신들이 공을 세워 자신의 출신지를 군현으로 승격한 기록들이다. 앞에서 언급한 이지은소의 나수와 야선불화가 원나라 궁중에서 관료로서 공을 세워 원나라 왕후의 지시로 그 출신지가 이지현으로 승격된 것과 같은 현상이다.

이처럼 군현 승격과 같은 부곡 집단의 변화는 군인, 역관, 환관으로 진출한 부곡인의 계층 분화에서 비롯한 것이다. 그렇다면 왜 이러한 변화가 고려 후기에 집중적으로 나타난 것일까? 지금까지 살폈듯이 고려 중기 이후 무신정권의 등장과 부곡인 등 하층민의 봉기, 몽골과의 전쟁, 원나라와의 교류 등으로 고려 사회는 정치, 사회, 경제의 모든 면에서 많은 변화가 나타나게 된다. 특히 많은 규제와 제약을 받은 부곡인은 이러한 변화에 편승하여 군인, 역관, 환관으로 진출, 지배층으로 편입되는 경우가 적지 않았다. 부곡인 내부의 계층 분화는 결국 자기 출신지를 군현으로 승격시키는 등 부곡 지역의 해체를 촉진하는 계기가 되었다. 또한 이로 인해 원 간섭기 이후 부곡 집단은 사실상 그 기능을 상실하게 된다.

　부곡 집단의 변동과 부곡인의 계층 분화 현상은 지금까지 설명한 바와 같이 국내외 정세의 급격한 변화에 따른 것이다. 하지만 다른 한편으로 고려 중기 이후 사회경제적인 변동과도 무관하지 않다. 이에 대해 살펴보기로 한다.

부곡 집단 해체와 소멸의 원인

앞에서 설명했듯이 부곡 집단 내부 주민의 계층 분화가 부곡 집단의 해체와 소멸을 촉진한 계기였지만, 그것은 고려 후기 정치와 사회 정세의 변화라는 외부적인 요인에 따른 것이었다. 고려 중기 이후 고려 사회 내부의 사회경제 관계의 변화는 부곡 집단의 해체와 소멸을 가져다준 근본 원인이었다. 이에 대해 살펴보기로 하겠다.

첫째, 부세 수취 구조의 모순이다. 고려 전기 부세 수취는 군현 체제를 통해 실현되었다. 다음의 기록이 당시 상황을 잘 보여주고 있다.

사헌부 대사헌 유관柳觀 등이 상소하기를, "전조(고려)에 주, 부, 군, 현을 설치하고 또 임내任內에 향, 소, 부곡을 두어서 1개 주에 임내가 많으면 10여 현에 이르러 혹 큰 곳은 본관의 호수보다 많은데, 한두 호장

戶長이 이들을 주관하여 백성을 괴롭히는 폐단은 이루 말할 수 없습니다. 근년 이래로 주현을 병합할 수 있는 것은 병합하고 관리를 둘 곳은 두었으나 아직 모두 개혁할 수 없었습니다"라고 했다(《태종실록》 권28 14년 7월 을해조).

위 기록은 조선 태종 때 고려시대 군현의 실상을 언급한 것인데, 그 내용은 다음과 같다. 고려의 군현은 주, 현과 그 아래 속현과 향, 소, 부곡 등 부곡 지역을 임내로 묶어 하나의 행정단위를 이루었다. 속현과 부곡 지역 등 임내 지역의 인구가 때로는 주현보다 많은 경우도 있었다. 그런데 이러한 임내 지역의 경우 토착한 호장층이 수취를 전담하여 폐단이 적지 않았다. 그 대책으로 부곡 지역과 같은 임내 지역을 통폐합하고, 그곳에 지방관을 파견하자는 것이 위 상소문의 골자다. 즉 부곡 지역에 대한 수취가 호장층에게 맡겨진 부세 수취 방식의 모순이 부곡 지역이 과중한 역 부담으로 인해 해체된 원인의 하나였음을 알 수 있다.

부세 수취 구조 모순의 또 다른 원인은 수취 방식의 문제다. 예를 들면 염주鹽州, 안주安州, 해주의 3개 주에서 생산된 철은 군기시軍器寺에 바로 납부되었다(《고려사》 권8 문종 12년 2월조). 이곳의 철은 철소에서 생산된 물품일 것이다. 이같이 소에서 생산된 물품은 해당 군현을 통해 그것을 필요로 하는 중앙의 기관에 직접 수납되었다. 이러한 수취 방식은 해당 관청이 정액보다 많은 양을 수취하는 폐단을 낳았다. 한편 각 관청에 바치는 공물이 제때 공급되지 않자 물품을 공급하는 자들이 먼저 시장 등에서 구매하여 납부한 후 액수의 배 이상을 징수했다고 한다(《고려사》 식화1 공부 충숙후 8년(1339)조). 소 생산품이 제때에 공급되지 않을 경우 공물 대납업자를 통해 우선 물품을 공급받았지만, 이들이 현지에 가서 더 많은 수취를 하는 폐단을 낳았다. 이러한 수취 방식은 수취에 따른 절차의 간소화 등 행정의 효율성과 편의성을 증진한 측면은 있으나, 각 중앙의 기관이나 권세가들이 정부의 개입을 벗어나 소 지역 등을 사유화하는 부작용을 낳기도 했다.

이러한 폐단은 원 간섭기에 더욱 심화된다. 1278년(충렬 4) 2월 안동부와 경산부의 공물은 왕실의 각종 창고와 원나라 출신 공주의 궁인 원성전元成殿에 바로 납부되었다(《고려사》 식화1 공부조). 또한 소를 비롯한 부곡 지역은 당시 권세가의 집중적인 수탈의 대상이 되었다. 구체적으로 염소(《고려사》 권79 식화2 염법 충선왕 즉위년), 철소(《고려사》 권79 식화2 충선왕 원년 2월조), 어량소와 천택川澤(《고려사》 권78 식화1 공부 공민왕 5년 6월조), 장처전(《고려사》 권78 식화1 녹과전 우왕 14년 7월), 공사전과 은소, 저紵소, 유밀油蜜소(《고려사》 권79 식화2 과렴 충렬왕 15년 3월조) 등을 권세가들이 탈점했다. 이러한 폐단은 소를 비롯한 부곡 제도의 유지를 불가능하게 했으며, 과다한 수탈은 그러한 생산을 담당한 주민의 도망과 이탈을 부추겼다. 부곡제가 해체된 원인의 하나는 이 같은 수취 방식의 모순 때문이다.

둘째, 수요의 증대와 생산력의 발달이다. 먼저 소 제품에 대한 수요가 고려 중기 이후 크게 증대되었다. 여진과의 전쟁, 대외무역의 성행과 귀족문화의 발달, 원과의 관계에 따른 과다한 비용의 지출은 소를 비롯한 부곡 지역에서 생산되는 양을 초과하여, 부곡 집단 해체의 또 다른 원인이 되었다. 은의 경우 대외무역에서 주요한 결제수단이 되어 그 수요가 크게 증대되었다. 11세기 이후 송나라가 동전과 철전鐵錢 대신 은전 중심의 화폐 정책을 채택함에 따라 고려도 숙종대 은병을 법정화로 정했고, 그로 인해 은의 수요가 급증했다. 또한 은은 매매, 뇌물, 조세대납, 화폐의 기능까지 수행했다(채웅석 1988; 전병무 1992).

또한 유통경제를 주도한 귀족의 사치행위와 귀족문화의 발달은 은을 포함하여 구리, 철, 자기 등 각종 수공업제품의 수요를 증대시켰다. 종래의 생산 방식으로는 그 수요를 채울 수 없을 정도였다. 이는 부곡 지역 주민의 부담을 가중시켰고 유망 현상의 출현을 불러왔다. 특히 13세기 후반 원나라는 고려에 많은 공물을 요구했다. 1231년(고종 18) 12월 고려가 몽골 사신 살례탑과 그의 처자 및 휘하 장수에게 준 물품 가운데 소 생산품만 정리하면, 황금 약 132근, 백금 1,660근, 금 술잔 7근, 은 술잔 1,517근, 은병 236구口, 비단 옷 16벌, 세저포 300필이나 되었다(《고려사》 세가 권32 세가). 이러한 사례는 많이 찾아볼 수 있다. 토지 생산물보다 현물 수취를 중시하는 몽골의 전통적인 수취 관행이 고려에 큰 부담을 안겨주었고, 그것이 부곡 지역 주민에게 과중한 부담을 안겨 부곡 지역이 해체되는 원인의 하나가 되었다.

셋째, 생산력의 발달이다. 부곡 집단의 또 다른 기능과 역할은 주현과 임내 지역인 속현과 부곡 지역 사이의 발전 격차를 점차 해소하는 것이었다. 12세기 이후 농경지 확대책의 방향이 산전 개간과 함께 저습지나 해택지 개간으로 전환되었고, 수리사업의 발전, 종자 개량, 시비술의 발전 등 농업기술상의 진전이 이루어졌다. 이로 인해 지역 간 발전 격차는 거의 해소되었다. 이러한 추세는 고려 후기에도 지속되었다. 13세기 이후 시비법의 발전, 새로운 종자의 도입, 농학에 대한 관심, 경작법의 발전, 상경화 추세, 수리시설의 확충에 따라 개간 지역을 저습지와 연해지 등으로 확대시켰다(안병우 1994). 활발한 개간으로 지역 간 발전 격차는 크게 해소시켰다. 따라서 지역 간 발전 격차를 해소하는 매개체의 하나로 설치된 부곡 집단은 그 기능이 약화될 수밖에 없었다. 1269년과 1314년의 두 차례에 걸쳐 양전과 함께 부세 수취에 대한 조정과 군현 개편의 실시로 부곡 지역은 점차 기능을 잃어갔다. 해체가 거스를 수 없는 현실이 된 것이다.

부곡 개편 정책과 부곡 집단의 해체와 소멸

1301년(충렬왕 27) 고려에 파견된 원나라의 활리길사闊里吉思는 원나라 조정에 자신이 고려에서 보고 느낀 실상을 담은 보고서 〈녹연사목錄連事目〉을 제출했다. 이에 따르면, 인구에 비해 중앙과 지방의 관청과 관원이 지나치게 많은 점이 당시 고려왕조가 안고 있는 주요한 폐단의 하나라 했다(《고려사》 권32 충렬왕 27년 4월조). 그는 이러한 폐단을 백성은 적은데 관원은 많은 '민소관다民少官多' 현상이라 했다.

원나라는 이 폐단을 없애기 위해 고려왕조에 군현 개편을 요구했다. 14세기 전반에 취해진 고려정부의 개편 방식은 군현의 숫자를 줄이는 군현 병합책이었다. 그러나 이 개편은 개별 군현의 지리적, 경제적 여건 등을 고려하지 않은 채 무리하게 추진하다가 결국 실패했다. 14세기 후반에는 과중한 수탈로 인해 주민의 이탈이 많았던 속현과 부곡 지역을 개편하는 방식을 택했다. 예를 들면 1390년(공양왕 2) 상주 속현 청산현에 감무를 설치하면서, 상주 소속 주성酒城부곡을 이곳에 내속시켰다(《승람》 권16 청산현 속현조). 같은 해 밀성군의 속현인 현풍현에 감무를 두고, 역시 밀성 소속의 구지산仇知山부곡을 떼어내어 현풍현에 속하게 했다(《고려사》 권57 지리2 현풍현조). 즉 '민소관다' 현상을 해소하기 위한 군현병합책의 취지를 살려나가면서 감무를 파견한 군현에 주변의 영세한 속현과 부곡 지역을 소속시켜 군현의 숫자를 줄이면서 신설 군현의 세를 보강, 실적으로 군현을 신설하는 방식의 개편이었다. 이러한 군현 개편은 '민소관다' 현상의 폐단을 줄이는 한편, 속현이나 부곡 지역을 해체하는 효과도 있었던 것이다.

이러한 군현 개편 정책은 조선 초기에도 그대로 추진되었다. 1394년(조선 태조 3) 고봉현에 감무를 두면서, 주변의 행주幸州와 부평부 소속의 황조荒調향을 소속시켰다(《승람》 권11 고양군 건치연혁조). 같은 해 교하현에 감무를 두면서, 한양의 속현인 심악현과 부평 소속의 석천石淺향을 소속시켰다(《승람》 권11 교하현 건치연혁조). 이런 방식의 군현 개편은 태종 때까지 이어졌다. 예를 들면, 1401년(태종 1) 중궁中宮 정비靜妃의 고향이라 해서 여흥군을 여흥부로 승격시키고, 음죽현 북촌인 어서이처於西伊處를 떼어내어 이곳에 붙였다(《세지》 여흥도호부조). 1413년(태종 13) 양지현의 치소治所를 광주廣州 임내 추계秋溪향에 옮기고, 토지가 적다고 해서 광주 임내의 고안高安·대곡大谷·목악木岳·제촌蹄村 등 4개의 부곡을 옮겼다(《세지》 양지현조). 이로 인해 대부분의 속현과 부곡 지역은 해체와 소멸의 길을 걷게 된다.

　조선 초기 부곡 개편 정책은 태종 13년을 전후해서 마무리된다. 이후에도 부분적인 개편이 있긴 했으나 이전의 정책을 답습하는 수준이었다. 약 920개의 부곡 집단 가운데 《세지》 편찬 당시까지 (1425) 잔존한 것은 향 16, 부곡 57, 소 19, 장 4, 처 5개 등 모두 101개로, 약 9분의 1로 감소되었다. 고려 말 이후 조선 초기까지의 개편 정책 과정에서 소멸되었던 것이다. 《세지》에 기록된 101개 부곡 집단 가운데 실제로 존재한 것은 이보다 더 적었을 것으로 추정된다. 한편 《승람》 편찬 당시(1530)까지 잔존한 부곡은 〈속현조〉에 실려 있는데, 모두 13개에 불과하다. 결국 16세기에는 부곡 집단은 우리 역사에서 완전히 소멸하게 된다.

나오며_부곡 집단의 역사적 의의

한국사에서 부곡인과 부곡 집단은 5세기 후반 신라가 주변국과의 정복전쟁 과정에서 확보한 지역의 주민과 거주지를 노인奴人과 노인촌奴人村으로 편제하는 데서 기원했다. 노인과 노인촌은 부곡인과 부곡 집단의 선행 형태로서, 타국과의 전쟁뿐만 아니라 신라국가가 자국 내에 전략적 경제적 요충지에 축성을 하고, 그 주민들을 새롭게 편적하는 과정에서도 발생했다. 따라서 노인과 노인촌은 소속된 주읍土邑의 행정 지배를 받기 때문에 주읍에 예속적인 성격을 지닐 수밖에 없었다. 노인과 노인촌에 관한 사례는 현재 신라사에서만 그 존재를 확인할 수 있다. 하지만 삼국이 대등한 국력으로 본격적인 정복전쟁을 시작하는 5세기 후반 이후 고구려나 백제에서 역시 이러한 편제방식을 실시함으로써 노인과 노인촌과 같은 형태의 주민과 촌락이 발생했을 것으로 판단된다.

  노인과 노인촌은 5세기 후반 형성되었지만, 향과 부곡은 7세기 후반 통일신라시기에 만들어졌다. 통일신라는 전국에 대한 군현 개편을 통해 인구와 토지 규모가 군이나 현이 되지 못한 영세한 지역을 향과 부곡으로 편성했다. 이러한 지역의 대부분은 6세기 이후 농업 생산력의 발전에 따라 개간지가 확장되면서 형성된 새로운 촌락인 신촌新村으로서, 이러한 곳을 국가의 지배 질서로 편입하는 과정에서 향과 부곡이 형성되었다. 이전부터 존재한 노인촌 역시 이러한 과정을 통해 지방 행정조직의 일부로 흡수되었을 것이다. 한편 향과 부곡은 군이나 현이 되지 못할 정도로 영세했기 때문에, 이곳의 행정을 관장한 주읍의 간섭과 차별을 받는 예속적인 속성을 지닌 점에서 노인촌과 다르지 않다. 또한 향과 부곡은 노인촌의 발생 과정과 유사한 경로를 밟고 있었다. 노인촌과 부곡 집단은 비록 2세기의 시차를 두고 신라 사회에 존재했지만, 그 본질적인 속성은 예속적인 촌락 집단이라는 특성을 공유하고 있다. 그런 점에서 향과 부곡 집단의 선행 형태는 노인촌이라 할 수 있다. 또한 노인촌과 부곡 집단은 천이설이 주장하는 바와 같이 국가 발생 초기 정복전쟁 과정에서 편제된 집단적 형태의 종족 내지 공납 노예적 속성은 찾을 수 없지만, 지방 행정조직의 일부로서 주읍의 지배를 받았기 때문에 주읍에 비해 소외되고 차별을 받았다. 이같이 노인촌은 물론 향과 부곡 집단의 주민은 발생 초기부터 〈경계인〉의 속성을 지니고 있었다.

 고려시기에도 예속적인 촌락 집단의 발생은 계속되었다. 고려는 반세기간의 전란으로 황폐화된 농지를 개간하여 국가의 재정을 확대하는 일이 시급했다. 대대적인 농지 개간 정책으로 인해 새로운 촌락이 많이 형성되었다. 이러한 촌락 역시 향과 부곡으로 편제되었다. 또한 전란 중에 왕조정부에 반기를 든 세력을 부곡 집단에 편제시키거나 해당 지역을 부곡 집단으로 편성하여, 그들에게 새로운 역을 부담시켰다. 그리고 국가 운영에 긴요한 각종 수공업, 광공업, 농수산 제품을 생산하기 위해 현지 생산이 가능한 지역을 소 지역으로 편성했다. 왕실과 사원의 토지를 경작하는 장과 처라는 특수 행정구역을 신설했다. 고려국가는 통일신라기의 군현 편제를 토대로 했기 때문에, 향과 부곡은 고려시기에도 특수 행정구역으로 존속했다. 고려왕조기에 들어와 비로소 향, 부곡, 소, 장, 처로 구성된 부곡제가 완전한 형태로 역사 속에 등장한다.

  부곡제 영역에 거주한 주민은 국가에 조세와 역역을 부담한 점에서 노비와 같은 천민과는 구별되는 공민이었다. 그러나 그 주민은 일반 군현의 백정白丁농민층과 같이 3세를 부담하면서 특정의 역을 추가로 부담했다. 조세와 역역 부담에서 군현의 주민에 비해 상대적으로 차별을 받았다. 즉 그들은 군현의 주민에 비해 사회경제적으로 열악한 존재였다. 계층적으로도 군현의 백정농민층과 구별되는 잡척층으로 묶여 있었다. 같은 공민인 군현의 주민과 동류로서의 대접을 받지 못했다. 요컨대 그들은 부곡제 영역에서 각종 규제를 받았지만, 본관과 성씨를 갖고 독자의 가계를 가지고 공민으로 생활한 점에서 노비와는 신분적으로 다른 존재였다. 고려시기 부곡제 영역의 주민 역시 같은 양인 신분인 군현의 백정

농민층과 구별되면서 노비와는 신분적으로 다른, 전형적인 〈경계인〉의 속성을 보여준다.

　부곡인은 하층 양인층인 잡척층으로 분류되어 부곡제 영역이라는 독자의 영역 속에 거주했다. 양인의 거주지를 행정조직상 군현제와 부곡제로 구분하고, 양인 신분을 다시 백정층과 잡척층로 계층화시킨 고려 사회의 신분 구조는 복합적이고 계서階序적인 모습을 보여준다. 이러한 사회 구조는 고려 다원사회의 또 다른 특성이다. 그런 점에서 양천良賤의 신분 구분이 엄격한 조선 사회와 다른 모습이었다. 부곡인은 천인이 아닌 양인이면서, 일반 양인과는 달리 계층적으로 잡척층으로 묶여 있으면서, 지역적으로 군현과 다르게 부곡 영역에 묶여 있었다. 이같이 부곡인은 〈경계인〉의 전형적인 모습을 보여주고 있다. 이러한 〈경계인〉이 사회 구조적으로 수용되고, 그들의 역할이 용인될 수 있는 고려 사회의 역사적 조건은 무엇일까? 고려왕조가 이질적이고 다양한 문화와 계층을 아우르는 다원사회의 특성을 지니고 있기 때문이다.

　그렇다면 고려 사회는 왜 이 〈경계인〉을 수용하여 제도화하는 정책을 취했을까? 크게는 다원사회라는 사회적 특성에서 비롯한 것이지만, 고려 사회의 사회경제적 수준과 조건도 〈경계인〉을 수용한 원인이 되었다. 고려국가는 전체 민호民戶를 균일적으로 지배할 수 없을 정도로 지역별 발전 수준에서 차이가 심했다. 그에 따라 개별 민호 사이에도 사회경제적인 격차가 있었다. 그러한 지역과 계층 간 발전 수준과 사회경제적인 격차를 현실적으로 수용하여 지역과 사회의 통합을 이루기 위해 고려정부는 초기부터 본관제本貫制 지배 방식을 채택했다. 사회경제적으로 우세한 유력세력의 거주지를 본관으로 삼고 그들에게 성씨를 부여하는 한편으로 해당 지역의 정치 경제 군사의 중요성에 따라 주, 부, 군, 현의 단위로 편제하여 군현제 영역을 편성한 것이다. 또한 상대적으로 개발의 필요성과 가능성이 큰 지역과 국가 유지에 필요한 중요한 물품이 생산되는 지역을 부곡제 영역으로 묶어 개발과 생산을 촉진하여 국가의 재정능력을 극대화하고자 했다.

뿐만 아니라 전국의 민民을 양인과 천인으로 구분하여 양인에게 공역 부담의 의무를 부여하는 한편으로, 사로仕路 진출권 등 국가질서에 참여할 수 있는 공민으로서의 권리를 부여했다. 반면에 천인은 국가에 대해 공역 부담의 의무가 없는 대신 공민으로서의 일체의 권리를 향유할 수 없었다. 고려시대 양인은 조선시기와 같이 단일한 계층이 아니라 군현의 백정농민층, 부곡의 잡척층 그리고 군인, 향리, 양반층 등 지배 질서에 참여한 정호丁戶층 등 다양한 층위를 이루고 있었다. 이같이 고려 사회 내부에 생산력의 지역적 불균등 현상과 사회경제적으로 개별 민호의 불균등성이 다양한 계층을 낳게 했던 것이다.

부곡 집단은 한반도에서 실질적인 통합국가로 출발한 고려국가가 안고 있던 문제의 하나인 지역 간 발전 격차를 메꾸어 나간 매개체이자, 일종의 사회적 국가적 분업체제로서의 기능과 역할을 수행했다. 〈경계인〉으로서 부곡인은 미개발 지역을 개발 지역으로 확장시키면서, 〈경계〉의 테두리를 점차 넓혀가는 가운데 정치, 사회, 경제의 격차를 메꾸고 사회적 통합을 이루는 등 고려국가의 지배질서를 수립하는 데 커다란 역할을 했다. 부곡 집단이 가진 긍정적이고 발전적인 측면은 여기에서 찾을 수 있다.

 부곡 집단은 주현과 달리 중앙정부의 직접 지배의 대상에서 벗어나 있어 향리 등 재지세력의 집중적인 수탈의 대상이 되었다. 또한 소 지역에서 생산된 물품은 중앙의 기관에 직적 수납되었기 때문에 각 기관의 침탈을 많이 받았다. 각종 수공업제품을 생산한 소 지역을 비롯한 부곡과 속현 지역은 12세기 전반 주민이 대거 유망했으며, 12세기 후반 농민항쟁의 중심지가 되었다. 부곡제는 이러한 과정을 통해 점차 해체되기 시작했다.

 그러나 부곡 지역의 해체는 수탈도 하나의 원인이지만, 생산력 발달이 해체의 또 다른 원인이었다. 12세기에 접어들면 대부분의 토지가 개간되어 지역적인 발전 격차가 거의 해소되었다. 이는 달리 지역적인 발전 격차가 해소되었음을 뜻한다. 지역 간 발전 격차를 해소하는 매개체로서의 부곡제는 이로써 사실상 그 의의를 상실했다. 고려 중기 이후 부곡제는 재지 유력층이나 권세가 등 지배세력의 사적인 경제기반을 확보하는 대상으로 변질되어, 사실상 본래의 기능은 상실되었다. 부곡제 지역이 농민봉기의 중심지가 된 것은 생산력의 발달과 주민의식의 변화와 밀접한 관련이 있었다.

 원 간섭기 이후 고려와 원 나라 사이에 밀접한 관계가 형성되면서, 부곡인은 자기 거주지를 벗어나 군인, 역관, 환관이 되어, 원나라에서 공을 세워 출세를 하거나 자신의 출신지를 군현으로 승격시키는 등 부곡인의 계층분화 현상이 두드러지게 나타나기 시작한다. 이는 부곡 집단이 현실적으로 고려사회에서 그 기능이 상실되었음을 뜻하며, 그것은 곧 부곡인에게 씌어진 〈경계인〉의 한계를 벗어나는 계기가 되었다.

사회경제적 기능을 상실한 부곡 집단의 존속은 남아 있는 주민의 부담을 가중시켜 다시 유망의 악순환을 낳게 했다. 그것은 중앙정부의 군현제 운영에 커다란 짐이 되었다. 14세기 후반 고려정부는 속현과 부곡을 정리하는 군현 병합책을 통해 민폐를 줄이고 새로운 지방 질서를 수립하려 했다. 이 과정에서 부곡 집단은 군현으로 승격되는 경우가 있었으나, 영세한 대부분의 부곡은 주현에 병합되거나, 속현과 묶여 새로운 군현으로 편제되었다. 그렇지 못한 부곡 집단은 군현의 직할 촌락이 되는 등 조선 초기에 이르면 부곡 집단은 거의 해체와 소멸에 이르게 된다. 이같이 부곡 집단은 우리 역사에서 사회경제의 발전에 따라 지역과 계층 간 발전 격차가 점차 해소되면서, 그 본래의 의의를 상실하게 된다.

조선왕조는 양천 신분의 제일화齊一化(고착화)를 통해 엄격한 신분질서를 유지하려 한 사회다. 또한 성리학 중심의 엄격한 가치질서를 유지하려 한 사회다. 이러한 사회체제 아래에서 양천의 신분과 다양한 사상과 문화 속을 넘나드는 〈경계인〉은 존립하기 어려운 존재였다. 더욱이 성리학적 질서와 교화를 바탕으로 수령 중심의 대민 지배를 강조한 집권체제의 강화는 〈경계인〉의 입지를 더욱 축소하게 된다. 전근대 부곡인과 같은 〈경계인〉은 조선왕조 이후 더 이상 존속할 수 없게 된다. 부곡 집단의 해체와 소멸은 한국의 중세 사회가 또 다른 단계로 발전하는 분기점이 된다.

보론
부곡 연구의 개척자, 임건상 연구

임건상, 그는 누구인가

임건상과의 첫 만남

《역사란 무엇인가》를 저술한 영국의 카E. H. Carr는 사실들의 역사를 연구하기 이전에 먼저 역사가를 연구하라는 유명한 말을 한 바 있다. 역사책을 읽기 이전에 먼저 그 책을 쓴 역사가를 이해하는 일이 역사책을 제대로 읽는 지름길이라는 말일 것이다. 더욱이 같은 주제를 연구한 선배 역사가의 행적에 관심을 가지는 것은, 카의 지적과 관계없이, 자연스럽고 어쩌면 당연한 일일 것이다.

  저자가 임건상에 호기심을 가지게 된 것도 이런 맥락에서 보면 당연한 일이리라. 1970년대 후반 대학원 시절 1963년 평양에서 발간된 임건상의 《조선의 부곡제에 관한 연구》(평양: 과학원출판사, 1963)를 읽은 것이 저자와 임건상과의 첫 만남이었다. 직접 대면하지 못했으나, 이후 각종 글을 통해 저자는 간접적으로 많은 대화를 한 셈이다. 그 내용을 여기에서 정리하고자 한다.

　대학원 리포트를 쓰기 위한 자료를 구하기 위해 은사이신 고 김철준 선생님 댁을 방문한 날은 무더위가 시작된 1978년 6월 무렵이었다. 선생님 댁은 학교 가까운 신림동에 있었다. 그로부터 얼마 전 나는 우연히 어느 책에서 북한의 역사 연구 성과를 소개하는 선생님의 글을 읽은 적이 있다. 그 글에서는 북한의 역사가 임건상의 저서 《조선의 부곡제에 관한 연구》도 소개되어 있었다. 부곡 집단을 석사학위논문 주제로 하고 있던 터에 평양에서 발간된 임건상의 저서가 존재하는 사실을 처음 확인한 순간, 너무 반갑고 귀중한 정보라서, 나는 정말 숨이 멎을 것만 같은 흥분에 휩싸였다. 그때까지 국내 연구에서 임건상의 연구가 소개된 적은 없었다.

　지금 이 글을 쓰면서 선생님의 논저 목록을 자세히 뒤져보았으나, 임건상을 소개한 당시의 글을 찾을 수 없다. 당시 임건상 연구를 소개한 선생님의 글이 실린 책자가 《북한사 비판》(?)인가 하는 정도의 기억 밖에 없는데, 여러 도서관의 목록 등을 뒤져보아도 찾을 수 없다. 아마도 정부의 위탁을 받아 정리한 보고서 형식의 글로 추정되며, 정식으로 출간된 것이 아니라 내부 열람용으로 출판되었기 때문에 그렇게 된 것이 아닌가 여겨진다.

　그날 선생님 댁의 마당은 한낮의 내리쬐는 햇빛으로 눈이 부실 정도였고, 두텁고 후줄근한 감색 점퍼를 걸쳐 입은 나의 얼굴은 땀으로 얼룩져 있었다. 선생님께 석사학위논문 때문에 임건상의 책을 빌리러 왔다는 말씀을 드렸다. 논문 주제를 정할 정도로 지금 내가 공부를 열심히 하고 있다는 자랑을 은근히 곁들이기도 했던 기억이 난다. 그런데 선생님은 들은 체도 하지 않으시고 제자의 말이 끝나기도 전에 얼른 서재를 뒤져 복사본으로 된 임건상의 저서를 넘겨주셨다. 선생님은 임건상은 서울대 사학과를 졸업했으며, 당시 학부 졸업논문도 부곡 연구였다고 하셨다. 참고로 그는 1948년 8월 서울대 사학과를 졸업했다. 학부시절에 시작된 그의 부곡 연구가 15년이 지난 1963년에서야 저서 발간으로 결실을 본 셈이다. 《조선의 부곡제에 관한 연구》는 부곡 문제를 주제로 오랫동안 연구한 그의 최종 결과물이었다. 선생님은 일본을 통해 복사한 것이니 특별히 조심해서 읽으라고 당부하셨다. 함부로 북한 학자의 글을 읽고 인용할 수도 없는 때였으니까.

그날 선생님 댁을 방문했을 때 있었던, 쥐구멍에라도 들어가고 싶은 부끄러운 고백을 하나 하고자 한다. 책을 빌려 마당을 나서는데 선생님께서 '박군!' 하면서 부르시고는 '자네 그 옷 아직까지 입고 있어? 옷이나 사 입어!' 하시면서 돈을 주셨다. 당시 하숙을 하고 있던 내 한 달 하숙비의 절반 정도나 되는 꽤 많은 돈이었다. 초여름인 그 때까지 나는 늦겨울이나 초봄에 입어야 할 점퍼를 입고 있었다. 이 점퍼를 걸치고 선생님의 수업을 들은 적이 있었는데, 아마 그 때 내 모습이 선생님의 눈에 밟혔던 모양이다. 그날따라 무더위로 땀에 뒤범벅된 얼굴로 그 옷을 입고 선생님 댁을 방문했으니, 당황스럽고 부끄러워 멈칫거리면서 돈을 받았던 것

같다. 선뜻 내주시는 귀중한 책에다 옷값까지 얻은 행운(?)을 누린 셈이지만, 용돈을 받은 그 순간 자존심에 큰 상처를 받은 듯 얼마나 부끄럽고 민망스러운지! 아마도 선생님만 아니었다면 뒤도 돌아보지 않고 줄행랑을 쳤을 것이다. 책을 빌린 기쁨도 잠시, 그저 도망치듯 집 밖으로 나오던 내 모습이 아직도 눈에 선하다.

당시까지만 해도 선생님은 혼자 살고 계셨다. 오히려 아둔한 내가 보기에는, 선생님이야말로 평소에 옷매무새 따위에는 그야말로 관심을 아예 끊으신, 좋은 의미에서 초연하신 분이라 여겨왔다. 아뿔싸! 그런 선생님께서 도리어 제자의 옷차림을 안쓰럽게 여겨 꾸짖을 정도였으니, 그때의 내 몰골이 어떠했을까 짐작이 간다. 가끔 선생님을 생각할 때마다 그 때의 일이 생생하게 떠오른다. 어느덧 나도 당시 선생님과 같은 나이가 되었다. 선생님이 손수 보여주신 그러한 제자 사랑을 제대로 대물림하고 있는지 자문할 때마다 자괴감에 젖는다.

나는 임건상의 책을 통해 비로소 한국사에서 부곡 집단의 존재 형태와 전개 과정, 부곡 연구의 의의, 나아가 연구에 필요한 기초 자료의 범위와 접근 방법에 대해 겨우 갈피를 잡을 수 있었다. 또한 이 책을 통해 부곡 집단에 대한 연구가 이미 1934년 백남운의 《조선사회경제사》에서 처음 이루어졌음을 확인하게 되었다. 이를 계기로 부곡 연구를 석사학위논문의 주제로 결정하게 되었다.

한편 저자는 박사학위논문을 제출한 1988년 이후 역사학자 임건상의 행적에 대해 관심을 갖고, 틈틈이 그에 관해 언급된 자료가 있으면 모으기 시작했다. 그런 자료들은 의식적으로 찾은 경우도 있지만, 우연한 행운으로 얻은 경우도 있었다. 〈보론—부곡 연구의 개척자, 임건상 연구〉는 이러한 관심의 산물이다. 시간 순으로 그의 행적을 정리하고자 한다.

해방 전후의 임건상

1988년 가을 나는 〈고려시대 부곡제 연구〉로 박사학위논문을 제출하여 심사를 받고 있었다. 당시 심사위원 중 한 분이 중앙대학교의 김용덕 교수님이다. 지금은 고인이 된 김 교수님은 〈향, 소, 부곡고〉(1954)와 〈부곡의 규모 및 부곡인의 신분에 대하여〉(1980)라는 논문을 발표하신 부곡 연구의 권위자였다. 하루는 김 교수님이 심사 과정에서 임건상과의 인연을 밝히셨다. 임건상은 자신과 동향인 개성 출신이며, 그의 집안은 개성의 지주가로서 상당히 부유했다는 것이다. 김 교수님은 해방 직후인 1946년 경성대학교 사학과를 졸업했다. 참고로 이 학교는 일제 강점기 경성제국대학의 전신이다. 경성제국대학교는 1945년 10월 경성대학교, 1946년 9월 다시 서울대학교로 교명이 변경된다. 김 교수님은 임건상과 같은 학과에서 공부하지는 않았으나, 해방 후 서울에서 동향이자 같은 전공을 공부한 인연으로 서로 학문적인 교류를 했다고 한다. 임건상에 대한 새로운 사실을 찾은 셈이다.

2010년 말 이 책의 집필을 시작하면서 연세대 사학과 도현철 교수에게 귀중한 자료를 얻었다. 연세대 교수를 역임한 손보기 교수님이 그해 10월 31일 타계하면서, 유족들이 손 교수님의 업적을 기린 《파른 손보기, 우리 역사의 새 장을 열다》(2010년 10월 31일)라는 책을 발간했다. 도현철 교수는 이 책에 임건상에 관한 언급이 있다면서, 책을 얻어 나에게 전해주었다. 이 책을 통해 해방 전후 시기 임건상의 행적을 알게 되었다. 이 책에서 손보기 교수님은 해방 전후 시기 연희전문과 서울대에서 임건상과 함께 공부한 인연을 적고 있다. 관련 기록을 정리하면 다음과 같다.

1940년 3월 연희전문학교 문과에 들어가서 만난 사람들 가운데 우리 역사를 공부하겠다는 사람이 네 사람이 있었다. 정해영, 박용각, 임건상과 나는 이인영 선생의 동양사 강의를 듣게 되며 우리 역사를 공부하겠다는 생각을 약속이나 한 듯이 가지게 되었다. 우리가 연전에 입학한 해부터 우리에게 동양사를 가르쳐주시게 된 분이 학산 이인영 선생이었다. 전임 손진태 선생이 보성전문학교 도서관장으로 옮겨 가셨다고 들었다 …… 학산의 강의를 듣고 나면 서로 모여서 공부에 대한 이야기를 하고 책사(서점)를 둘러보는 것이 일과처럼 되었다. 책사들—당주동의 유길서점, 인사동의 금향당(뒤에 통문관), 한림서점, 그리고 진고개의 군서당—을 돌아보고 나서야 뿔뿔이 헤어져서 집으로 돌아가곤 했다. 국학자료로 무엇이 나와 있나를 보고 가는 버릇이 생긴 셈이었다. 이 선생님은 책사에서 뵐 때도 있기는 했지만 혹시나 경찰의 감시가 있을까 두려워, 모여서 다니는 것은 삼가기로 했다. 임형(임건상)은 넉넉한 편이어서 책을 잘 사기도 했고 정형(정해영)은 일찍부터 우리 역사책을 제법 가지고 있는 것도 알게 되었다(《백영 정병욱의 인간과 학문》, 신구문화사, 1997, 109~110쪽에서 재인용).

다소 길지만 당시 시대 분위기, 임건상의 교우관계와 사학도들의 생활을 간접적으로 보여주는 글이라 인용했다. 이 글에 따르면

서울대 사학과 시절의 임건상(맨 오른쪽)

서울대학교 문리과대학 동창회 명부에 따르면, 임건상의 본적은 경기이며, 사학과 제2회 졸업생(1948년 8월 10일)이다. 그는 이 대학의 조선사연구회에서 편찬한 《조선사개설》(1949년 5월)의 집필에 참여하기도 했다.

임건상은 서울대학교 문리대 사학과에 입학하기 전인 1940년 3월 연희전문학교 문과에 입학하여 손보기와 함께 당시 역사학자 학산 이인영 교수의 가르침을 받으면서 역사학에 눈을 뜨기 시작했다. 또한 임건상은 형편이 넉넉하여 서점가를 순례하면서 책을 잘 사기도 했다. 이는 그가 개성의 지주가 출신이라는 김용덕 교수의 증언을 뒷받침한다.

참고로 이 책에 따르면 손보기 교수는 2년제인 연희전문학교를 졸업한 1943년 3월에 학병징집을 피해 일본 구주제국대학교에 입학했으나, 곧 폐교가 되어 귀국하여 교사로 지내다가 해방 직후인 1946년 2월 경성대학교 사학과에 입학한다. 그는 이곳에서 연희전문학교에서 이 대학으로 적을 옮긴 스승 이인영 교수와 친구 임건상을 다시 만난다. 연희전문을 졸업한 1943년 이후부터 이때까지 임건상의 행적은 알 수 없으나 1946년 당시 임건상은 서울대학교 사학과에 재학하고 있었다. 이 책에는 당시 교정에서 함께 찍은 임건상의 사진이 실려 있다. 다음은 서울대 사학과 시절에 관한 손보기 교수의 글이다.

1946년 여름방학에 학산 선생께서는 조선사 연구의 개설을 젊은 여러분이 써보라는 말씀을 하셨지요. 이순복과 본인 둘이서 안을 짜고 한우근, 임건상, 김사억에게도 참여하여 줄 것을 의논했습니다 …… 여름방학과 다음 학기에도 집필, 교정이 계속되었습니다. 1949년 출판사를 찾는데 일 년 동안이나 기다린 다음에야 이관구님이 홍문서관에서 펴내게 하여 주셨어요(《일곱 원로에게 듣는 한국 고고학 60년》, 한국고고학회, 2008, 133쪽에서 재인용).

임건상은 서울대 사학과 시절, 학생들이 펴낸 《조선사개설》 편찬에 참여했다. 참고로 이 책에서 손보기 교수는 연희전문과 서울대 문리대 사학과 시절 사제관계의 연을 맺은 손진태와 이인영 선생을 한국사의 진면목을 알려주신 학문의 스승이라 했다. 두 분은 고구려의 거대한 강역이나 우리 활자의 우수함에 대해 상세히 가르치는 등 한국인이 자부심을 느낄 만한 우리 역사를 찾아내어 널리 알리려 애쓰신 학문적 스승이라는 것이다.

졸업 후 손보기 교수는 서울대 사범대 교수로 자리를 잡았고, 임건상은 유물사관을 신봉하는 역사학자로 변신한다. 1948년 8월 졸업 후 임건상의 행적은 물론 그가 어떻게 유물사관의 역사가로 행로를 달리했는지에 대해서는 현재로서는 알 수 없다. 이 무렵 대한민국 정부가 수립되면서 그는 월북을 하지 않았나 생각된다. 비록 두 사람은 졸업 후 서로 다른 길을 걷게 되지만, 역사학의 수련을 받던 학부 시절 민족주의 역사학자인 손진태와 이인영 교수의 가르침으로 민족주의에 눈을 뜨기 시작하면서 역사학자로서 첫 발을 내딛는 시절까지는 같은 입장이었다.

한국전쟁기의 임건상

한국전쟁 당시 서울대 사학과 교수로 재직한 김성칠은 북한에 점령당한 서울에서 체험한 사실을 일기로 남겼는데, 일기 내용은 1993년 《역사 앞에서》(창작과비평사)라는 제목으로 출간되었다. 2009년 이화여대 정병준 교수가 다시 역주와 해제를 붙인 개정판을 출간했다. 이 책에 임건상에 관한 기록이 몇 건 실려 있는데, 그 내용을 정리하면 다음과 같다.

(건설대 지원서에 서울대 교수들의 서명을 권하는) 김삼불 군이란 국문과의 수재로 장래가 촉망되는 젊은 학도이다. 그가 좌익에 공명하는 것쯤은 평소부터 알고 있었지만 이처럼 맹랑한 친구인 줄은 몰랐다. 이즈음 학교에는 김삼불 군, 임건상林建相 군 같은 졸업생들이 나와서 어느 사이엔지 모르게 차츰 자리를 잡고 앉게 되었다. 교협教協에서 삐라나 써주고 붙어 다니던 얼치기 친구들이 모두 문리과대학 교수로 등장하게 되었다(1950년 7월 18일 일기에서).

돈암동 새 형님께 나갔던 길에 학교에 들렀더니 직업동맹 결성식이 있다는데 선생들은 통히 나오신 분이 없었다 …… 노동조합은 노동자의 사회경제적 복리福利를 증진히기 위히여 일하고 있다는 우리들의 상식이 그릇된 것임을 알았다. 뽑힌 임원은 채희국蔡熙國, 임건상林建相, 정찬영鄭燦永의 제諸군들, 모두 교협教協 혹은 과맹科盟에서 일하다 넘어온

분들로서, 종래의 교원은 한분도 끼지 않았다. 며칠 나오지 않는 동안에 문리대가 아주 딴 학교가 되어버렸음을 알 수 있다(1950년 8월 8일 일기에서).

위의 7월 18일자 일기에 따르면 서울이 북한군에 점령된 인공치하에서 임건상은 서울대학교 문리과대학 교수로 임명되었다. 졸업 후 2년 만에 모교이자 인공치하의 서울대 사학과 교수로 임명된 것이다. 참고로 9월 4일 일기에서 당시 새로 임명된 교수는 임건상, 채희국, 정찬영을 포함해 모두 16명이라고 했다. 새로 임명된 이들에 대해 김성칠은 '교협敎協에서 삐라나 써주고 붙어 다니던 얼치기 친구'들이라고 비판했다. 8월 8일자 일기에는 교수 노동조합 결성식에서 역사학도인 채희국, 임건상, 정찬영이 임원이 되었고, 문리대가 아주 딴 학교가 되었다고 했다. 짧은 기간의 인공치하이지만 서울대 교수 사회가 급격하게 변화한 데 대한 불편한 심기를 드러내고 있다.

임건상은 1948년 8월 서울대 사학과 2회 졸업생이다. 이 책에 정리된 연보에 따르면 김성칠 교수는 30세 되던 1942년 4월 경성제대 법문학부 사학과 입학, 1946년 3월 사학과 졸업 후 조수에 임용되었다가, 1947년 3월 사학과 전임강사로 부임한다. 따라서 김성칠과 임건상은 1년 이상을 같은 학과에서 각각 교수와 학생으로 지낸다. 그래서일까 김성칠은 위의 일기에서 제자뻘인 임건상에 대해 나쁜 감정을 여과 없이 표현하고 있다. 매우 흥미로운 기록이다. 이해 9월 28일 서울이 수복되고 전쟁이 끝난 후 임건상은 다시 북한에서 역사가로 활동을 재개한다.

전후 북한에서의 임건상

한국전쟁 이후 임건상의 연구 활동은 북한의 대표적인 역사잡지 《력사과학》에 실린 그의 글들을 통해 간접적으로 확인할 수 있다. 2001년 부산대 민족문화 학술총서로 《임건상전집》(서울: 도서출판 혜안)이 출간된 바 있는데, 여기에는 임건상의 대표 연구인 《조선의 부곡제에 관한 연구》를 비롯해 《력사과학》에 실린 7편의 논문이 실려 있다. 논문은 1건의 서평과 신라의 정전제와 고조선의 위치에 관한 2편의 논문을 제외하면 4편은 모두 1950년대에서 1960년대 초반까지의 연구다. 주로 북한의 시대 구분 논쟁, 삼국시기의 사회 성격을 노예제 사회로 볼 것인가 봉건제 사회로 볼 것인가에 대한 논쟁으로 채워져 있다. 임건상은 삼국시기를 노예제 사회로 파악하여, 이 시기를 봉건제로 본 김석형을 비롯한 봉건제론 옹호자들을 비판하고 있다. 그 가운데 가장 대표적인 논문은 위의 전집에도 실려 있는, 〈삼국의 사회경제구성에 대한 몇 가지 문제〉다. 이 글은 1956년 10월 북한 과학원 역사연구소에서 개최한 삼국의 사회-경제 구성에 관한 토론회에서 발표된 논문으로서, 당시의 토론을 묶은 책 《삼국시기의 사회경제구성에 관한 토론집》에 실려 있다. 이 책은 다시 1989년 남한에서 영인 발간되었다(서울: 도서출판 일송정).

이 책에 소개된 1956년 당시 임건상의 직책은 '조선노동당 중앙당학교' 소속 교수였다. 또한 그는 1955년 《조선역사교재》를 편찬했다고 한다. 뒤에서 언급하겠지만 1988년 당시 그는 '김일성 고급당학교' 소속의 교수였는데, 국민대 정창현 겸임교수에 따르면, 1950년대 '조선노동당 중앙당학교'가 뒤에 이같이 교명이 바뀌었다고 한다. 따라서 그는 한국전쟁이 끝난 후 북한에서 줄곧 이 학교에서 교수로 근무했다.

독일에 체재하던 한국인 학자 조명훈 교수가 1988년 5월 11일부터 14일까지 평양에서 개최된 '조선관계 전문학자들의 국제과학 토론회'에 참석하여 약 20일간 북한에 체류하면서 보고 느낀 내용을 일기식으로 쓴 책자 《북녘일기》(산하, 1988)가 국내에서 출간되었다. 그는 국내 대학에서 정치학을 전공한 후 1954년 미국과 프랑스에서 공부했으며, 1967년 서독 본 대학에서 정치학 박사학위를 받은 후 줄곧 독일에서 활동한 학자다. 당시 그는 독일 국적을 갖고 있어 북한 방문이 가능했다. 이 당시만 해도 북한 내부에 대한 정보와 소식이 전무하던 터라 이 책은 그러한 갈증을 해소하는 데 많은 도움이 되었다.

이 책에는 당시까지 생존했던 김석형과 박시형의 발표논문과 사진까지 소개되어 있고, 묘향산, 금강산, 개성 등지의 답사기도 실려 있어, 평소 북한의 역사학 동향에 궁금했던 나는 이 책을 매우 흥미있게 읽었다. 또한 이 책에는 임건상에 대해서도 언급되어 있다.

오늘 역사분과 회의에 제출된 논문들 중 흥미와 관심을 끄는 것들을 간추려 보면, 김일성 고급당학교 역사과의 임건상 교수가 발표한 논문 〈고대 조선의 초기국가들과 문화〉, 사회과학원 고고학연구소의 박진욱 교수가 발표한 논문 〈고구려 무덤벽화의 우월성과 특징〉, 그리고 체코슬로바키아의 프라하에서 온 리부세·보하코바 여사가 발표한 논문 〈체코슬로바키아에 수집되어 있는 조선의 예술공예품들〉 등이었다.
임 교수는 맨 먼저 김일성을 인용하면서 우리는 독창적이고 긴 역사와 찬란한 문화전통을 가진 민족이라고 선언한 다음, 우리나라 역사에서 첫 번째 왕국들은 노예소유 국가들이었다고 규정짓고 그들의 문화는 당시 자주적이고 높은 수준에 도달했다고 설명했다(〈1988년 5월 12일 목요일〉 일기에서, 《북녘일기》, 79).

1988년 당시 임건상은 '김일성 고급당학교' 역사과 교수로 재직하고 있었다. 이 학교는 노동당의 고위간부들을 교육하는 곳이었다. 이때 그가 발표한 학술회의 논문 〈고대 조선의 초기국가들과 문화〉라는 글에서 부곡 집단을 언급했는지는 알 수 없다. 그런데 조명훈 교수가 인용한 내용 가운데, '(고대 초기국가의) 첫 번째 왕국이 노예소유자 국가'라는 언급은 매우 주목된다. 1950년대 확정된 북한의 시대구분론에 따르면 노예소유자 국가는 고조선이며, 이때부터 노예제 사회가 시작된다고 한다. 북한의 공식

개설서인 1960년대 《조선통사》나 1970년대 후반의 《조선전사》에도 그러한 시대구분론에 입각하여 서술되어 있다.

조명훈 교수는 《북녘일기》에서 임건상과 박진욱 교수의 글을 소개한 후 "(이들) 북한역사가들은 우리 민족의 일본과 중국과의 관계에 있어서의 자주성, 단일성 그리고 심지어는 우월성을 입증하는 데 전력을 기울이고 있는 것 같았다. 이 과격한 민족주의적 경향은 어느 정도 이남에서 볼 수 있다고 하겠지만, 이북의 경우엔 그것이 주체사상의 논리적 결과인 것이며 종국적으로 김일성·김정일 정권의 유지와 우상숭배의 수단이 된다고 하겠다"라고 결론 내리고 있다.

그런데 1963년 발간된 임건상의 저서에는 기원 전후 철기문화의 보급을 통해 토지소유자인 토호세력의 근거지인 성읍이 우세한 정치 경제력 아래 주변 촌락의 주민을 집단적으로 예속화하는 과정에서 부곡 집단의 시원적 형태가 나타난다고 했다(임건상 1963, 160~166). 즉 노예제 사회는 기원전후 삼국시기에 성립된다고 했다. 그러나 이날 발표에서 고조선을 노예소유자 국가라고 해서 1963년의 저서와 다른 입장을 보이고 있다. 1970년대 이후 주체사관이 정착하면서 북한의 역사학은 1960년대 임건상의 부곡 연구 경향과는 다른 방향으로 흐르고 있다는 사실이 1988년의 발표문에 반영되어 있다. 유물사관 대신 주체사관이 뿌리를 내린 1980년대 당시 북한 역사학계의 분위기가 그의 발표에도 반영된 것으로 판단된다. 이후 그의 행적은 더 추적할 수 없다.

임건상의 부곡 연구

1950년대 임건상의 부곡 연구론

1948년 서울대학교 사학과 졸업논문에서 시작된 그의 초기 연구 내용은 알 수 없다. 그러나 1950년대 시기 구분 논쟁에서 부곡에 관한 그의 견해를 확인할 수 있다. 여기에서 확인되는 그의 입장은 초기 부곡 연구의 집약으로 보인다. 왜냐하면 1963년에 발간된 저서에 나타난 부곡 연구와는 다른 입장과 내용을 보여주기 때문이다. 임건상의 초기 부곡 연구는 한국전쟁이 끝난 1950년대 초반 북한의 시기 구분 논쟁을 담은 《삼국시기의 사회경제 구성에 관한 토론집》(이하 《토론집》)(서울: 일송정, 1956; 1989년 재간행)에서 확인할 수 있다. 당시 논쟁의 쟁점은 삼국시기를 노예제 사회로 볼 것인가 봉건제 사회로 볼 것인가 하는 것이었다. 이른바 노예제론 대 봉건제론의 논쟁이었는데 팽팽하게 갈려 있었다. 임건상은 백남운과 함께 노예제론의 대표 논객이다. 임건상은 이 책에 실린 자신의 논문 〈삼국의 사회경제구성에 대한 몇 가지 문제〉에서 부곡 집단을 예로 들어 노예제론을 제기했다.

그런데 임건상은 이 논문에서 뒤에서 소개할 자신의 1963년 저서에서는 말하지 않았던 부곡 집단의 성격을 언급하고 있다. 이는 1948년 자신의 학부 졸업논문 주제인 부곡 집단 연구가 이때까지도 연구의 주요한 관심사였음을 보여준다. 그 내용을 정리하면 다음과 같다.

이 논문에 따르면 삼국시기는 공동체적 관계와 공동체적 소유 형태의 잔존, 그 통일체로서 인격화한 전제군주의 전 주민의 예속화, 그에 의한 공공사업이 이루어지는 형태의 '총체적 노예제 사회'이며, 그러한 사회의 기초가 되는 공동체적 관계의 잔존 형태가 바로 향과 부곡 집단이라 했다. 수백 개의 향과 부곡 집단이 삼국시기 광범한 지역에 걸쳐 촌락공동체의 형태로 산재하고 있다. 또한 향과 부곡 집단은 정복·피정복 관계에서 발생한 '속민屬民' 혹은 '부용민附庸民' 혹은 '하호下戶'와 같은 피착취 계급과 유사하며, 그 구성원은 집단적 예속민층으로, 계급적 본질은 노예적 성격이다(《토론집》, 99~102; 125~130).

또한 부곡 집단은 중국 역사와 같이 한漢대를 전후한 시기에 무장武將에게 인격적으로 의존하거나 소속된 신하와 병졸, 즉 사병私兵제도의 성격을 갖는다. 그러나 수隋, 당唐시기에는 무장들이 이 군대를 토지에 긴박시킴으로써 농경자로서 그에게 예속된 예농隸

農 집단이 되었다. 임건상은 수, 당 시기 중국의 '부곡'이 고려시기의 그것과 거의 완전히 동일하다고 했다(《토론집》, 152). 즉 삼국시기의 부곡 집단은 예속민적 성격으로 귀족 집단의 사병적 성격을 지녔으나, 7세기 신라의 통일전후 시기에는 수, 당 시기의 예농적 성격으로 변화되었다. 다시 말해 삼국시기의 부곡 집단은 예속민적인 존재, 즉 촌락공동체 주민이 귀족 집단에 인격적으로 예속되어 재산시되었으나, 통일을 전후한 시기에는 공동체의 분할지에 구속시켜 토지를 통한 수탈을 보장하는 예농으로 고착시키는 조취가 이루어졌다. 이들은 결코 노예가 아니었다. 하지만 그렇다고 '자유'로운 양인농민도 아니었다. 이들은 양인과 결혼해서 낳은 자식도 완전히 자신의 자식으로 인정할 수 없었다. 노예와 같은 그들의 결혼은 단지 동서同棲(동거)로서 간주되었다. 이런 점에서 임건상은 부곡 집단이 고대 로마의 콜로누스(차지예농借地隸農)를 연상시키는, 노예 제도에서 봉건 제도로 이행하는 중간의 과도적 형태였다고 했다(《토론집》, 152~156).

임건상이 삼국 사회를 노예제 사회로 본 주요한 근거를 공동체적 예속민으로 노예적 성격을 지닌 부곡 집단에서 찾은 점은 1963년의 저서와 다르지 않다. 노예제 사회론은 그가 학부 시절부터 천착해온 부곡 연구에서 출발하고 있었던 것이다. 그는 중국 부곡의 연구 동향에 관심을 가졌다. 부곡 집단의 성격이 시기에 따라 변화·발전한다는 관점은 초기 연구의 주요한 특징으로 생각된다. 특히 삼국시기에서 통일신라에 이르는 기간에 부곡 집단이 사병적 성격의 노예에서 예농적 성격의 농노로 변화·발전한다는 그의 시각은 1963년 저서에 나타나지 않는 사실이다.

  그는 부곡 집단이 우리 역사에서 실질적인 역할을 수행한 시기는 삼국시기이며, 고려시기에는 그저 삼국시기의 잔재 내지 유제로서 존재하여 그 역사적 의의와 역할이 거의 소멸되었다고 강조한다. 그럼에도 불구하고 초기 연구에서 고려시기 부곡 집단을 노예 집단이 아니라 예속농민의 성격으로 본 그의 입론이 부곡 집단의 주민을 하층 양인농민층으로 보고 있는 현재 남한의 연구와 거의 차이가 없다는 점도 매우 흥미롭다. 물론 1963년 연구에서 이 견해는 자취를 감추게 되지만, 초기 연구에서 부곡 집단을 변화·발전하는 존재로 본 점은 매우 인상적이다.

  특히 통일신라를 기점으로 부곡 집단의 성격이 변화한다고 본 점은 통일신라기 이후 노예 공급의 감소와 대토지 소유제의 진전으로 경작자가 노예에서 농노로 변화하면서 중세 봉건제 사회로 이행한다는 백남운의 입론과 같다. 백남운 역시 당시 시기 구분 논쟁에서 임건상의 입론을 지지했는데, 그는 초기 한국 고대 사회의 경우 공동체적 특수성으로 보아 종족적 노예제種族的奴隸制가 인정되며, 신라의 부곡部曲이 하나의 예라고 보았다. 또한 역사적 발전 과정에서 종족노예는 개별적 가부장, 나아가서는 귀족들에 의해 분산 소유되었으며, 종족적 토지소유제는 동방 고대 사회의 초기 특징이라 했다(《토론집》, 357). 시대 구분 논쟁에서 백남운과 임건상이 함께 노예제론을 주장한 것은 이러한 관점과도 무관하지 않다고 판단된다.

1960년대 임건상의 부곡 연구론

임건상의 부곡 연구는 그의 1963년 저서 《조선의 부곡제에 관한 연구》로 완결된다. 이를 정리하면 다음과 같다.

부곡의 발생과 기원
부곡은 3단계를 거쳐 6세기 무렵 제도화된다. 구체적으로 기원 전후(1~2세기) 철기문화의 보급으로 토지 소유가 확대되면서, 토지 소유자인 토호세력의 근거지였던 성읍城邑이 우월한 정치 경제력을 바탕으로 주변 촌락의 주민을 집단적으로 예속화하는 과정에서 시원적 형태의 부곡 집단이 나타난다(발생 제1기). 3~5세기 백제, 신라 등 강력한 정치세력에 의한 정치적 통일의 확대 과정에서 예속촌락은 새로운 지배체제인 국가의 통일적 지배하에 흡수되었고 성읍에 소속된 형태가 된다. 그러나 지방에 뿌리를 내리고 있던 토호세력으로 인해 부곡에 대한 국가의 지배는 철저하게 관철되지 않는다(발생 제2기). 제3기(6세기)는 국왕권, 즉 국가권력이 점차 지방에 침투·확대되고 관료기구에 의해 통제되면서 성읍에 소속된 부곡과 토호의 직접적인 예속관계가 거세되어 부곡제가 제도화되고, 국가의 공고한 지배체제가 확립된다(임건상 1963, 160~166). 즉 부곡 집단은 촌락공동체의 예속민(천인)으로서, 계급적 본질은 노예적인 성격을 지닌다.

한편 삼국 초기 정복전쟁 시 피정복된 부락 또는 종족을 집단적으로 노비화하는 과정에서 부곡이 발생했다고 한다. 즉 부곡 집단의 발생과 기원을 정복전쟁에서 찾고, 부곡을 피정복된 종족노예제의 한 형태로 본 경우도 있다(백남운, 299; 김석형, 112~113).

부곡인의 신분

임건상은 부곡인의 신분을 천인이라 했다. 사적 유물론의 입장하에 한국사에서 노예제 사회의 구체적 증거로 부곡 집단을 거론했다. 또 다른 근거는 부곡部曲이라는 용어의 동일어원語源설이다. 중국과 일본의 부곡은 개인에게 예속된 사천민을 뜻한다. 같은 한자문화권에 속하면서 동일한 한자어로 표현된 한국의 부곡 역시 비록 특수 행정구역을 뜻하긴 하지만 그 주민의 신분은 중국과 일본의 부곡과 다르지 않다는 것이다. 부곡인 천인설의 근거로 또한 다음과 같은 사실을 들었다.

부곡인의 과거 응시와 국학 입학이 금지된 것은 부곡인이 천민이기 때문이다(임건상 1963, 30~32). 또한 부곡인이 주인과 그 친족을 간음할 경우 노비와 같은 처벌을 받은 것은 그 신분 지위가 노비에 준하기 때문이라 했다(임건상 1963, 52~53). 게다가 부곡인이 군현인과 혼인해 낳은 자식은 모두 부곡인이 되고 잡척인과 혼인하여 낳은 자식은 각각 반으로 나눠 각각의 자식으로 귀속시킨 사실 역시 부곡인의 신분이 노비에 준하기 때문이라 했다(임건상 1963, 38~42). 노비와 부곡인이 승려가 될 수 없었던 사실도 두 신분이 동일하기 때문이라 했다(임건상 1963).

부곡 집단의 존재시기

부곡 집단은 삼국시기에 주로 존재했다고 한다. 부곡 집단이 경상도, 충청도, 전라도 지역 등 통합신라의 판도 안에 집중된 사실은 부곡 제도가 통합신라 내지 그 이전 삼국시기 우리나라 전역에서 실시된 증거라 했다. 또한 부곡 집단이 해체·소멸된 시기가 고려시기이며, 특히 12세기 계급투쟁기 부곡 주민의 집단적 투쟁으로 해체의 길을 걸었다고 했다(임건상 1963, 69~86; 105~111).

참고문헌

1. 저서

강진철, 《고려토지제도사연구》, 고려대출판부, 1980.
과학원 역사연구소 엮음, 《삼국시기의 사회경제 구성에 관한 토론집》, 과학원출판사, 1958; 1989년 도서출판 일송정에서 재편집 출간.
국립창원문화재연구소, 《한국의 古代木簡》, 국립창원문화재연구소, 2004.
김석형, 《조선봉건시대 농민의 계급구성》, 평양: 북한사회과학원, 1957; 1993년 도서출판 신서원에서 재편집 출간.
박종기, 《고려시대 부곡제 연구》, 서울대학교출판부, 1990.
박종기, 《지배와 자율의 공간 고려의 지방사회》, 푸른역사, 2002.
박종진, 《고려시기 재정운영과 조세제도》, 서울대학교출판부, 2000.
백남운, 《조선사회경제사》, 개조사, 1934; 하일식 옮김, 《백남운전집 1》, 이론과실천사, 1994.
백남운, 《조선봉건사회경제사》(上), 개조사, 1937.
신성곤, 《중국의 부곡, 잊혀진 역사 사라진 인간》, 책세상, 2005.
유승원, 《조선초기 신분제 연구》, 을유문화사, 1987.
이수건, 《한국중세사회사연구》, 일조각, 1984.
임건상, 《조선의 부곡제에 관한 연구》, 평양: 과학원출판사, 1963; 《임건상 전집》, 혜안, 2001 재수록.
주보돈, 《신라 지방통치체제의 정비과정과 촌락》, 신서원, 1998.

채웅석, 《고려시대의 국가와 지방사회— '本貫制'의 시행과 지방지배질서》, 서울대학교출판부, 2000.

2. 논문

구산우, 〈고려시기 부곡제의 연구성과와 과제〉, 《부대사학》 12, 1988.
김용덕, 〈향, 소, 부곡고〉, 《백낙준박사화갑기념 국학논총》, 1954.
김용덕, 〈부곡의 규모 및 부곡인의 신분에 대하여〉 상·하, 《역사학보》 88·89, 1980.
김재홍, 〈신라 중고기의 村制와 지방사회 구조〉, 《한국사연구》 72, 1991.
김재홍, 〈신라 중고기의 저습지 개발과 촌락구조의 재편〉, 《한국고대사논총》 7, 1995.
김재홍, 〈신라 중고기 村制의 성립과 지방사회구조〉, 서울대학교 박사학위논문, 2001.
김철준, 〈신라의 촌락과 농민생활〉, 《한국사》 3, 1978.
旗田巍, 〈고려시대의 천민제도 부곡에 대하여〉, 1951; 〈고려시대의 왕실의 장원—장, 처〉, 1960(이상 《조선중세사회사의 연구》, 1972 수록).
노중국, 〈통일기 신라의 백제고지지배〉, 《한국고대사연구》 1, 1988.
唐長孺, 〈위진남북조의 客과 部曲〉, 《동양사연구》 40-2, 1981.
唐長孺, 〈唐代의 部曲과 客〉, 《동방학보》 63, 1982.
末松保和, 〈고려 式目形止案에 대하여〉, 《조선학보》 25, 1962.
木村誠, 〈신라시대의 鄕—부곡제 성립사의 재검토〉, 《력사평론》 403, 1983.
武田幸男, 〈良賤制의 展開〉, 《岩波講座 世界歷史》 6, 1971.
武田幸男, 〈신라 울진봉평비의 〈敎事〉 주체와 奴人法〉, 《조선학보》 187, 2003.
武田幸男, 〈신라 울진봉평비의 〈敎事〉 집행계층과 受刑者〉, 《조선학보》 191,

2004.

尾形勇, 〈良賤制의 전개와 그 성격〉, 《岩波講座 世界歷史》 5, 1979.

박종기, 〈고려시대 향 부곡의 변질과정〉, 《한국사론》 6, 1980.

박종기, 〈13세기 초엽의 村落과 部曲〉, 《한국사연구》 33, 1981.

박종기, 〈고려 부곡제의 구조와 성격—수취체제의 운영을 중심으로〉, 《한국사론》 10, 1984.

박종기, 〈고려의 部曲吏〉, 《고려사의 제문제》, 三英社, 1986.

박종기, 〈신라시대 향 부곡의 성격에 대한 一試論〉, 《한국학논총》 10, 1988.

박종기, 〈12~13세기 농민항쟁의 원인에 대한 고찰〉, 《동방학지》 69, 1990.

박종기, 〈고려 부곡인의 신분과 신분제 운영원리〉, 《한국학논총》 13, 1990.

박종기, 〈14세기 군현구조의 변동과 향촌사회〉, 《14세기 고려의 정치와 사회》, 민음사, 1994.

박종기, 〈고려 후기 부곡제의 소멸과 그 원인〉, 《한국 古代 中世의 지배체제와 농민》, 지식산업사, 1997.

박종기, 〈조선초기의 부곡〉, 《국사관논총》 92, 2000.

박종기, 〈경기 북부 지역 중세 郡縣治所와 특수촌락에 관한 문헌 및 현장 조사〉, 《北岳史學》 8, 2001.

박종기, 〈조선 초기 부곡의 규모와 존재 형태〉, 《동방학지》 133, 2006.

박종기, 〈한국 고대의 奴人과 부곡〉, 《한국고대사연구》 43, 2006.

박종기, 〈고려시대 종이 생산과 所 생산체제〉, 《한국학논총》 35, 2011.

백남운, 〈부곡제의 역사적 의의〉, 《조선사회경제사》, 1933.

北村秀人, 〈고려시대의 所制度에 대하여〉, 《조선학보》 50, 1969.

西嶋定生, 〈중국 고대노비제의 재고찰〉, 《古代史講座》 7, 1962; 〈양천제의 성격과 계보〉, 《중국 고대국가와 동아시아 세계》, 동경대 출판부, 1973.

안병우, 〈고려의 屯田에 관한 일고찰〉, 《한국사론》 10, 서울대, 1984; 〈고려 후기 농업생산력의 발달과 농장〉, 《14세기 고려의 정치와 사회》, 민음사, 1994.

유승원, 〈조선초기 身良役賤 계층〉, 《조선초기 신분제 연구》, 서울대 출판부, 1973, 1987 소수所收.

이경섭, 〈성산산성 출토 荷札木簡의 제작지와 기능〉, 《한국고대사연구》 37, 2005.

이명식, 〈울진지방의 역사 지리적 환경과 봉평신라비〉, 《한국고대사연구》 2, 1989.

이문기, 〈통일기 신리지방관제의 연구〉, 《국사관논총》 20, 1990.

이성시, 〈울진봉평신라비의 기초적 연구〉, 《사학잡지》 98-6, 1989.

이성시, 〈한국목간연구의 현황과 함안성산산성 출토의 목간〉, 《한국고대사연구》 19, 2000.

이수훈, 〈함안 성산산성 출토 목간의 稗石과 負〉, 《지역과 역사》 15, 2004.

이용현, 〈함안 성산산성 출토 목간과 6세기 신라의 지방경영〉, 《東垣학술논문집》 5, 2002.

이용현, 〈함안 성산산성 출토 목간〉, 《한국의 고대목간》, 국립창원문화재연구소, 2004.

이우성, 〈고려말기 나주목 居平部曲에 대하여〉, 《진단학보》 29·30, 1966.

이우성, 〈이조시대 밀양 古買部曲에 대하여〉, 《진단학보》 56, 1983(《한국중세사회연구》, 일조각, 1991 수록).

이우태, 〈울진 봉평신라비를 통해 본 지방통치체제〉, 《한국고대사연구》 2, 1989.

이정신, 〈고려시대 종이의 생산 실태와 紙所〉, 《한국사학보》 5, 1998.

이종욱, 〈남산신성비를 통하여 본 신라의 지방통치체제〉, 《역사학보》 64, 1974.

임창순, 〈송광사의 고려문서〉, 《백산학보》 11, 1971.

장창은, 〈신라 눌지왕대 고구려세력의 축출과 그 배경〉, 《한국고대사연구》 33, 2004.

장창은, 〈신라 자비~소지왕대 築城·交戰地域의 검토와 그 의미〉, 《신라사학보》 2, 2004.

전덕재, 〈4~6세기 농업생산력의 발달과 사회변동〉, 《역사와 현실》 4, 1990.

전덕재, 〈신라 주군제의 성립배경 연구〉, 《한국사론》 22, 1990.
전병무, 〈고려시대 은 유통과 은소〉, 《한국사연구》 78, 1992.
조법종, 〈울진봉평비에 나타난 '노인'의 성격 검토〉, 《신라문화》 13, 1999.
주보돈, 〈울진봉평신라비와 법흥왕대 율령〉, 《한국고대사연구》 2, 1989.
주보돈, 〈신라의 촌락구조와 그 변화〉, 《국사관논총》 35, 1992.
주보돈, 〈신라 중고기의 지방통치와 촌락〉, 계명대학교 박사학위논문, 1995.
주보돈, 〈함안 성산산성 출토 목간의 기초적 연구〉, 《한국고대사연구》 19, 2000.
池田溫, 〈신라·고려시대 동아지역 紙張의 국제유통에 관하여〉, 《대동문화연구》 23, 1989.
진홍섭, 〈남산신성비의 종합적 고찰〉, 《역사학보》 26, 1965.
채웅석, 〈고려전기 사회구조와 본관제〉, 《고려사의 제문제》, 1986.
채웅석, 〈고려전기 화폐유통의 기반〉, 《한국문화》 9, 1988.
村上四男, 〈고려시대의 所에 대하여〉, 《조선고대사연구》, 1957, 1976 소수所收.
최광식, 〈울진봉평신라비의 釋文과 내용〉, 《한국고대사연구》 2, 1989.
하본식, 〈6세기 신라의 지방지배와 외위제〉, 《학림》 12, 13 합집, 연세대, 1991.
허흥식, 〈金祉의 選粹集 周官六翼과 그 가치〉, 《규장각》 4, 1981.
홍순권, 〈고려시대 시지에 대한 고찰〉, 《진단학보》 64, 1987.
홍승기, 〈고려전기 노비정책에 대한 일고찰〉, 《진단학보》 51, 1981.

부곡 집단에 관한 기초 자료

1. 부곡제(집단)의 개념

《신증동국여지승람新增東國輿地勝覽》 권7 여주목驪州牧 고적古跡 등신장조登神莊條

今按 新羅建置州郡時 其田丁戶口 未堪爲縣者 或置鄕 或置部曲 屬于所在之邑 高麗時 又有稱所者 有金所 銀所 銅所 鐵所 絲所 紬所 紙所 瓦所 炭所 鹽所 墨所 藿所 瓷器所 魚梁所 薑所之別 而各供其物 又有稱處者 又有稱莊者 分隷于各宮殿寺院及內莊宅 以輸其稅 又諸所 皆有土姓吏民焉 金富軾撰三國史地理志不復具錄 而鄭麟趾撰高麗史亦因之 今旣著姓氏 則其姓氏所本之地 不可不載 故據周官六翼而質之 當今有所可攷者 鐫十之一二 並附入于逐邑古蹟之下云

2. 부곡의 발생 및 기원

1) 《경세유표經世遺表》 권8 지관수제地官修制 전제田制10 정전의井田議10

乃我邦郡縣 其割界分疆 多無義理 或一坊二坊 越在隣縣之外 或一坊二坊 忽揷一縣之中 或連疆接界 犬牙相錯 絶無分割之跡 蓋原初建置之時 非有神聖大人 迺疆迺理 以爲是也 烏合獸聚 自成村落 名之曰部曲(見輿地勝覽) 其後破部曲 以爲諸縣 其部曲之分受也 不察疆界 投屬惟意 歷代因循 以至於今 故其不精如是也

2) 《태조실록太祖實錄》 권1 태조太祖 원년 8월 기사己巳조

前朝 五道兩界 驛子津尺部曲之人 皆是太祖時逆命者 俱當賤役

3) 《둔촌유고遁村遺稿》 권4 부록附錄

先生之先 在新羅奈勿王朝 以內史令(諱自成)爲漆原伯 世襲其爵 羅旣亡 獨漆原嬰城 固守 抗節不屈 麗祖大怒 增兵環功 久而後 屠其城 遷其支屬 定爲淮安(今廣州慶尙驛)驛吏服役

4) 《고려사절요高麗史節要》 권3

顯宗十五春正月 都兵馬使奏 發西京畿內河陰部曲民百餘戶 徙嘉州南屯田所以充佃作

3. 부곡인에 대한 규제 기록

1) 《고려사高麗史》 권75 선거選擧3 향직鄕職조

(顯宗)十三年四月 崔士威奏 鄕吏稱號混雜 自今 諸州府郡縣吏 仍稱戶長 鄕部曲津驛吏 只稱長 從之

2) 《고려사》 권84 형법刑法1 호혼戶婚조

郡縣人與津驛部曲人 交嫁所生 皆屬津驛部曲 津驛部曲與雜尺人 交嫁所産中分之 剩數從母

3) 《고려사》 권85 형법2 금령禁令조

禁鄕部曲津驛兩界州鎭編戶人爲僧

4) 《고려사》 권64 형법1 간비奸非조

部曲人及奴 奸主及主之周親尊長 和絞 强斬 和者婦女 減一等 奸主之緦麻以上親 減一等

5) 《고려사》 권74 선거2 학교學校조
靖宗 十一年四月判 五逆五賤不忠不孝鄕部曲樂工雜類子孫 勿許赴擧

6) 《고려사》 권74 선거2 학교조
仁宗朝式目都監詳定學式 (中略) 凡係雜路及工商樂名等賤事者 大小功親犯嫁者 家道不正者 犯惡逆歸鄕者 賤鄕部曲人等子孫 及身犯私罪者 不許入學

7) 《고려사》 권75 정문鄭文 열전列傳
鄭文 字懿德 草溪縣人 登第 (中略) 尋轉右拾遺 臺諫駁奏 文外祖系出處仁部曲 不宜諫官 乃改授殿中內給事知制誥

4. 삼국시기의 부곡인

1) 《삼국사기三國史記》 권84 향덕向德 열전
向德熊川州板積鄕人也 父名善 字番吉 天資溫良 鄕里推其行 母則失其名 向德亦以孝順爲時所稱 天寶十四年乙未 年荒民饑 加之以疫癘 父母飢且病 母又發癰 皆濱於死 向德日夜不解衣 盡誠安慰 而無以爲養 乃刲髀肉以食之 又吮母癰 皆致之平安 鄕司報之州 州報於王 王下敎 賜租三百斛宅一區 口分田若干

2) 《삼국유사三國遺事》 권9 향득사지할고공친向得舍知割股供親조
熊川州有鄕得舍知者 年凶 其父幾於餒死 向得割股以給養 州人具事奏聞 景德王賞賜 租五百碩

5. 고려 중·후기의 부곡인

1) 《동국이상국집東國李相國集》 권6 고율시古律詩

(八月) 十一日 早發元興寺到靈山部曲
靈山最僻邑 客路尙荒榛
歲儉有逋戶 民淳多老人
黃鷄啼昵喔 蒼鼠出嚬呻
數箇緇衣吏 驚馳似迓賓

2) 《고려사》 권125 유청신柳淸臣 열전

柳淸臣 初名庇 長興府高伊部曲人 其先 皆爲部曲吏 國制 部曲吏 雖有功 不得過五品 淸臣 幼開悟 有膽氣 習蒙語 屢奉使于元 善應對 由是 爲忠烈寵任 補郎將 教日 淸臣 隨趙仁規 盡力立功 雖其家世 當限五品 且於其身 許通三品 又陞高伊部曲 爲高興縣

3) 《졸고천백拙藁千百》 권2 영주이지은소승위현비永州利旨銀所陞爲縣碑

至元後元年 上護軍女子由等朝京師廻 以天后命復駙馬先王 若曰 永州利旨銀所古爲縣 中以邑子違國命 廢而藉民稅白金 稱銀所者久 今其土人那壽 也先不花 幼官禁中 積給使勞 其以功陞鄕貫復爲縣 於是 王教有司行之如中

찾아보기

【ㄱ】

가야향 157
가음부곡 152
간행 120
강동현 146
강서현 146
강소 101
개태사 72
거평부곡 20, 21
건공향 69
경계인 5~12, 171, 172, 174
계발 148, 149
〈고려식목형지안〉 96, 97
고려지 39, 41, 104
고매부곡 64, 65, 73
고안부곡 166
고이부곡 132, 153~155
공민 12, 94, 99, 130~132, 135, 170, 172

공암촌 102~104
공역 103, 130~132, 172
공전 91, 110~112
공해전 32, 38, 77, 78, 80, 92, 93, 99, 100
공해전시 76
과거 121~123, 127, 130, 133~135, 198
곽소 101
광명 148, 149
구리벌 50, 54~57
구지산부곡 166
국가세입지 91
국학 121~123, 198
금소 101
김성칠 187, 188

[ㄴ]

노비 12, 118~121, 126, 127, 130, 131, 170, 171, 198, 199
노올부곡 148, 149
노인奴人 47~55, 57~60, 66, 168
노인법奴人法 48~52, 58
노인촌奴人村 47~55, 57~60, 66, 168, 169
〈녹연사목〉 165

[ㄷ]

당률 121
대곡부곡 166
대병부곡 69, 76
덕산부곡 76, 157
도내산은소 158
동소 101, 145
두야보부곡 64, 65

[ㅁ]

망소이 146, 148
망이 146~148
먹소 102, 103, 145
명학소 146~148
목간 47, 50~57, 60
목악부곡 166
묵소 101

[ㅂ]

박구 152, 153, 156
반상론 127
백정 170~172
본관제 90, 172
봉평비(울진봉평신라비) 47~55, 57
부곡 13, 14, 20~34, 36~38, 44, 45, 58~67, 69, 71, 73, 75~80, 82~87, 90, 94~96, 98, 103, 104, 114, 115, 119, 121, 122, 124, 125, 133, 134, 144~146, 149, 151, 152, 155, 156, 158,

160~170, 172~174, 180~182, 192, 193, 195~199
부곡 집단 11~13, 21~24, 26~35, 37, 38, 42, 44~46, 57~59, 63, 64, 73~76, 78, 80, 85~87, 89, 90, 93, 114~116, 125, 126, 143, 145, 146, 149, 153, 156~160, 163~165, 167~170, 172~174, 179, 181, 191, 192, 194~199
부곡리 132, 133, 153
부곡인 11~13, 20, 30, 34, 44, 45, 74, 85, 86, 93~100, 103, 104, 114~124, 126, 128, 131~135, 145, 150, 152~159, 168, 171~174, 198, 199
부곡정 96
부곡제 12, 24, 28~31, 34, 58, 75, 80, 87~91, 93, 104, 162
불음부곡 152

【ㅅ】

사고 108~110

사소 101
사천민 86, 87, 115, 121, 198
3과 공전 100
삼등현 146
삼화현 146
서경기 95, 146
석천향 166
성산산성 47, 50, 51, 54, 55
성成 제도 107
세입위임지 91~93, 100
소 22, 24~31, 33, 34, 36~40, 75, 80, 87, 90, 93, 96, 101~105, 107, 133, 145, 160~163, 167, 170, 173
〈소재동기〉 20, 21
소정 96
속관 89
속관제 90
〈송광사문서〉 151, 152
손보기 183, 185, 186
순화현 146
승려 118~120, 146, 147, 199

【ㅇ】

양인설(부곡인 양인설) 20, 23, 45, 46, 114~116, 124, 126, 128
양천제 116, 126~130, 133, 134
어량소 101, 162
어서이처 166
역관 152~155, 158, 173
역명자 74, 75, 95, 100
역자 33, 74, 95
역정 96
염소 24, 74, 95
영산부곡 149~151
오역 121, 122
오천 121, 122
와소 24, 101
요물고 109, 110
우창 91, 108, 109
월경지 63, 73
월경처 64, 65, 73
유망 73, 145, 163, 173, 174
유밀소 162
유청신 132, 153~156
은소 24, 101, 104, 157, 162
2과 공전 100

이규보 149, 150
이인로 102, 103, 105
이지은소 103, 104, 157, 158
1과 공전 100
임건상 14, 28, 30, 31, 45, 138~144, 178~199
임내 34, 160, 161, 164, 166

【ㅈ】

자기소 23, 25, 101, 145
자성촌락 63
잡척(인) 96, 117, 118, 199
잡척층 104, 118, 170~172
장 24~31, 33, 36, 39, 75, 80, 87, 90, 93, 109~112, 167, 170
장처전 92, 108~112, 162
저소 162
적량부곡 152
전시과 73, 84, 92, 99
정문 133, 134, 153
정방의 148, 149
정약용 62
제촌부곡 166

조인옥 108
조준 108
좌창 91
《주관육익》 25, 26, 31
주군제 58, 61, 62, 66
주성부곡 166
주소 101
지소 101, 104
진강정 96
진례부곡 152
진척 33, 74, 95

【ㅊ】

처 24~31, 33, 36, 37, 39, 75, 80, 87, 90, 93, 109~112, 167, 170
처간 112
처인부곡 133
천류 130, 133, 134
천인설(부곡인 천인설) 21, 22, 30, 45, 65, 114~123, 125, 126, 169, 198
철소 101, 105, 145, 161, 162
최승로 128, 129

최이 152
추계향 166
칠소 105

【ㅌ】

탁향 69
탄소 101

【ㅍ】

파잠부곡 98, 99
판적향 67, 68
팔조음부곡 98

【ㅎ】

하음부곡(인) 95~98
한품 132, 133, 135
향 22, 24~34, 36~38, 58~62, 64~69, 71~73, 75~80, 87, 90, 93, 94, 104, 119, 122, 123,

133, 146, 149, 152, 158, 160,
161, 167~170, 194

향덕 67, 68

향령 69

향사 67, 69

향촌주 69

활리길사 165

황조향 166

고려의 부곡인, 〈경계인〉으로 살다

- ⊙ 2012년 12월 27일 초판 1쇄 인쇄
- ⊙ 2012년 12월 29일 초판 1쇄 발행
- ⊙ 글쓴이   박종기
- ⊙ 발행인   박혜숙
- ⊙ 책임편집   정호영
- ⊙ 디자인   조현주
- ⊙ 영업·제작   변재원
- ⊙ 펴낸곳   도서출판 푸른역사
  - 우 110-040 서울시 종로구 통의동 82
  - 전화: 02)720-8921(편집부) 02)720-8920(영업부)
  - 팩스: 02)720-9887
  - 전자우편: 2013history@naver.com
  - 등록: 1997년 2월 14일 제13-483호
- ⓒ 박종기, 2012

ISBN   978-89-94079-75-2   93900
세트   978-89-94079-74-5   93900

· 잘못 만들어진 책은 교환해드립니다.